G Owsepian

Die Entstehungsgeschichte des Monotheletismus,

nach ihren Quellen geprüft und dargestellt

G Owsepian

Die Entstehungsgeschichte des Monotheletismus,
nach ihren Quellen geprüft und dargestellt

ISBN/EAN: 9783743355859

Hergestellt in Europa, USA, Kanada, Australien, Japan

Cover: Foto ©ninafisch / pixelio.de

Manufactured and distributed by brebook publishing software (www.brebook.com)

G Owsepian

Die Entstehungsgeschichte des Monotheletismus,

Die

Entstehungsgeschichte des Monotheletismus

nach ihren Quellen geprüft und dargestellt

von

Dr. G. Owsepian,
Archidiakonus in Etschmiadzin.

Leipzig

Druck und Verlag von Breitkopf & Härtel

1897.

Inhalt.

	Seite
I. Die politisch-kirchlichen Zustände im byzantinischen Reiche vor der monotheletischen Bewegung	1—15
II. Die Quellen zur Entstehungsgeschichte des Monotheletismus	15—22
III α. Eine chronologisch-kritische Beleuchtung der A- und B-Quellen und ihres Verhältnisses zu einander	22—32
III β. Die C-Quellen und das erste Datum in der Monotheleten-Geschichte	33—36
IV. Die geschichtliche Darstellung des Monotheletismus bis zum Konzil von Karin (633)	37—56

I.

Die politisch-kirchlichen Zustände im byzantinischen Reiche vor der monotheletischen Bewegung.

Staat und Kirche waren im byzantinischen Reiche so eng verbunden, dass wir die Entstehung unserer Bewegung nicht gut verstehen können, wenn wir nicht eine kurze Betrachtung über die politisch-kirchlichen Zustände vor unserer Bewegung vorausschicken. Das byzantinische Reich unserer Periode hatte nicht mehr den nationalen Charakter, wie einst das altrömische; seine Bestandteile bildeten verschiedene Völker mit ihren verschiedenen national-religiösen Eigentümlichkeiten. Das griechische Volk war allerdings das vornehmste von ihnen, aber keineswegs war seine Bedeutung im Reiche so gross wie einst die der Römer[1]. Die Staatsidee ist jetzt die leitende Macht, die soviel verschiedene Völker unter einem Scepter zur Einheit bringen sollte. Es ist nicht unsere Aufgabe, die Bestandteile dieser Idee zu analysieren, aber wir müssen auf einen Punkt unsere Aufmerksamkeit ganz besonders lenken, welcher für die Einheit des Staates ein sehr wichtiger Faktor geworden ist, nämlich die Kirche. Schon Konstantin hatte darauf grosses Gewicht gelegt; seine Nachfolger gingen auf dieser Bahn weiter. Die Kirche sollte die Grundlage der Einheit der verschiedenen Völker sein; sie sollte durch ihre kulturelle, sprachliche und dogmatische Einheit diese Völker am Leibe des Staates festhalten. Die Kirchen- und Dogmengeschichte

---

[1] Hertzberg, Geschichte der Byzantiner und des osmanischen Reiches. Berlin. 1883.

zeigt uns deutlich genug, wie die Kaiser dieser Politik treu geblieben sind. Daher der grosse Einfluss der kaiserlichen Politik auf den Gang der Dogmen- und Verfassungsentwicklung der Kirche[1]; daher das Streben der Kaiser, die Gewalt und Würde des konstantinopolitanischen Patriarchen zu schützen und seine Bundesgenossenschaft für den Staat zu sichern[2].

Auch unsre Bewegung ist eigentlich eine Frucht des politischen Strebens des Heraklius, zwischen zwei grossen kirchlichen Parteien, Mono- und Dyophysiten, Einigkeit herzustellen und dadurch die Einheit seines erschütterten Reiches zu befestigen. Obwohl nach den Quellen der Entstehungsgeschichte des Monotheletismus der Unionsgedanke vom Patriarchen Sergius ausgegangen ist, so wurde er doch auch bald Objekt der kaiserlichen Politik. Ohne diese Politik würde die monotheletische Bewegung kaum einen solchen breiten Umfang gewonnen haben. Eine kurze Darstellung der politisch-kirchlichen Zustände vor dieser Bewegung wird genügen, um die Unternehmung des Heraklius zu verstehen.

Die Regierungszeit der zwei Vorgänger des Heraklius war für das Reich keineswegs günstig gewesen. Obwohl Mauricius die östlichen Provinzen durch den Sturz des persischen Königs Hormisdas und durch die kluge Politik gegen Chosrau II. gesichert hatte[3], kann man dennoch seine Kriege gegen die Avaren auf der Balkanhalbinsel ganz und gar nicht glücklich nennen. Die Avaren hatten schon mehrere Male die ganze Halbinsel mit ihren verheerenden Scharen überflutet. In diesen Kriegen entstand eigentlich erst die Unzufriedenheit gegen den Kaiser, die seinen Sturz herbeigeführt hat. Der Kaiser, der alles that, um seine Verwandten reich zu machen, war gegen seine Truppen äusserst sparsam. Besonders hart und barbarisch war seine Politik gegen die Orientalen: Syrer und

---

[1] Krüger, Monophysitische Streitigkeiten im Zusammenhange mit der Reichspolitik. Jena. 1884. S. 55.
[2] Harnack, Dogmengeschichte Bd. II. S. 348.
[3] Hertzberg, a. a. O. S. 38.

Armenier. Mit grosser Härte war schon unter seinen Vorgängern Mauricius gegen die Armenier vorgegangen. Er hatte die besten Kräfte des Volkes aus dem Lande gerissen, um mit ihnen in Thracien gegen die Avaren zu kämpfen. Mehrere armenische Fürsten fielen mit ihren Truppen durch das Schwert des Feindes. Die armenische Nationalkirche war unter seiner Herrschaft in höchster Gefahr, ihre Einheit und Selbständigkeit zu verlieren. Es gelang ihm nicht nur, sie zu zersplittern, indem er in dem byzantinischen Teile dieser Provinz einen Chalcedonianer, Johann, als Gegenkatholikos bestätigte, sondern unter seinem Einfluss trennten sich auch die Georgier von den Armeniern. Zweimal versuchten die Armenier, das verhasste Joch abzuschütteln, aber ohne Erfolg[1]). Erst durch den Tod des Mauricius wurden sie befreit. Seit dieser Zeit beginnt eigentlich erst der grosse nationale Hass der Armenier gegen Byzanz, der bis zum Ende dieses Reiches dauerte.

Aber unvergleichlich schlimmer und zerstörender für das Reich war die Regierung des Phokas 602—610. Durch seine Tyrannei wurde das Reich zu Grunde gerichtet. Der »Mörder und Thronräuber« begann seine Regierung mit Blut und Abscheulichkeiten. Mauricius und seine fünf Söhne, der Bruder des Kaisers, Petrus, mit seinen Anhängern wurden grausam getötet[2]). Zweimal versuchte die Gemahlin des Mauricius das Volk gegen den verhassten Tyrannen zu empören, aber ohne Glück. Die Kaiserin wurde vielmehr mit drei Töchtern schonungslos hingerichtet. Eine andere Unthat des Phokas war der thörichte Versuch, durch Zwang die Juden zu Christen zu machen. Zahlreiche Juden wurden in Jerusalem versammelt und mit Gewalt getauft[3]). Dass diese Barbarei grosse Erregung bei den Juden hervorrufen musste, ist selbstverständlich. Die antiochenischen Juden griffen sogar zu den Waffen; sie

---

[1]) Sebeos, Geschichte des Heraklius (armenisch) Kap. 6, 7, 8, 9, 10.
[2]) Theophanes S. 612—613 bei Migne Patr. gr. T. CVIII.
[3]) Ласкинъ-Ираклій. (Laskin-Heraclius) Византійское Государство въ первой половинѣ седьмого вѣка. Харьковъ. 1889. S. 9; Hertzberg a. a. O. S. 41.

ermordeten den Patriarchen Anastasius und schändeten seine Leiche in grässlicher Weise[1]). Der Aufstand wurde mit allen Mitteln unterdrückt, aber der Hass und die Rachgier der Juden wurde dadurch keineswegs gelöscht. Mit Recht haben sie später im Bündnis mit den Persern und Arabern gegen die Byzantiner gekämpft. Sogar in der Hauptstadt enstanden Unruhen durch die Πράσινοι; diese wurden jedoch auf das Strengste gezüchtigt[2]). Überall herrschte Hass und Unzufriedenheit gegen den Tyrannen, es war »nur eine Stelle in dem weiten Bereich des byzantinischen Machtsystems, wo der blutige Phokas nicht mit Abscheu betrachtet wurde, nämlich Rom«, weil Phokas in dem Streite betreffs des Titels οἰκουμενικὸς πατριάρχης zwischen Konstantinopel und Rom eine für letztere Stadt günstigere Stellung einnahm, als sein Vorgänger[3]).

Aber viel unglücklicher war die äussere Lage des Reiches. Zwei mächtige Feinde drangen mit Feuer und Schwert in die inneren Provinzen des Staates: von Osten die Perser, von Westen die Avaren.

Die Perser waren seit der Begründung des neuen Reiches unter den Sassaniden Feinde des römischen Reiches, aber niemals sind sie so gefährlich gewesen, wie jetzt. In unserer Periode brach zum letzten Mal ein 24jähriger Krieg aus, der das Ende des byzantinischen Reiches herbeizuführen drohte[4]). Chosrau, Pharwez genannt, fing den Krieg unter dem Vorwand der Rache für seinen Freund Mauricius und der Verteidigung der Erbschaft seines angeblichen Sohnes[5]) an. Chosrau selbst belagerte Dara und nahm Edessa[6]) ein. 604—608 eroberten die Perser nach einander mehrere Städte und Provinzen. Das

---

[1) Theophanes bei Migne a. a. O. S. 624.
[2) Theoph. S. 624.
[3) Hertzberg, a. a. O. S. 40; Gelzer, Jahrbücher f. protest. Theol. 1887. S. 549; Herzog. R.-E². 2. Bd. V S. 366 und Bd. VII S. 41.
[4) Nöldeke, Aufsätze zur pers. Geschichte S. 125; Hertzberg a. a. O. S. 41.
[5) Sebeos, Geschichte des Heraklius Kap. 21 und Theophanes S. 610.
[6) Sebeos. Kap. 21.

ganze Syrien, ein Teil von Palästina und Phönizien, Armenien, Kappadocien, Galatien und Paphlagonien fiel in die Hände der Perser. Sie erschienen sogar vor Chalcedon[1]). Mit Recht bemerkt Kretschmann, dass das Ende des oströmischen Reiches gekommen wäre, wenn die Perser ihre Überlegenheit gut benutzt hätten. Sie würden als Befreier vom byzantinischen Joche begrüsst worden sein, wenn sie »einige Erleichterungen von dem materiellen und konfessionellen Drucke gebracht hätten, der von Konstantinopel aus geübt wurde«[2]).

So waren ungefähr die inneren und äusseren Verhältnisse des Reiches, als im Oktober 610 Phokas ermordet und Heraklius zum Kaiser proklamiert wurde. Der Versuch des neuen Kaisers, mit den Persern Frieden zu schliessen, hatte keinen Erfolg; sie setzten ihre Eroberungen fort: um 614[3]) nahmen sie die heilige Stadt Jerusalem ein; jetzt hatten die Juden die Oberhand, setzten unerhörte Metzeleien gegen die Christen in Scene und rächten dadurch das Unrecht, das ihnen Phokas seiner Zeit gethan hatte. Die Perser schleppten auch den Patriarchen Zacharia mit dem heiligen Kreuz Christi nach Ktesiphon[4]). Das war die grösste Schmach, welche sie den Christen anthun konnten. Um 616 eroberten sie Ägypten mit der Stadt Alexandria und Libyen bis zu Äthiopien, um 617 Chalcedon[5]).

Heraklius war ganz mutlos geworden; er wollte sogar die Hauptstadt verlassen. Nur der Patriarch Sergius konnte ihn dazu überreden, diesen Plan aufzugeben[6]). Und noch nicht genug mit diesem Elend, die Avaren begannen abermals ihre Raubzüge, nachdem sie während der Regierung des Phokas

---

[1]) Sebeos. Kap. 22; Theophanes S. 621.
[2]) Kretschmann, die Kämpfe zwischen Heraklius I und Chosroës II. 1875. I. S. 12.
[3]) Dulaurier, Recherches sur la chronologie arménienne. S. 221.
[4]) Sebeos. Kap. 24. Theophanes S. 632.
[5]) Theophanes S. 632.
[6]) Ласкинъ, a. a. O. S. 37; Drapeyron, l'empereur Héraclius et l'empire Byzantin au VIIme siècle. 1869. S. 115.

zwei byzantinische Heere vernichtet hatten. Heraklius wollte mit dem Chaghan der Avaren Frieden schliessen, aber es hing an einem Haar, dass er in die Hände der Feinde fiel. Die Avaren erschienen sogar in Konstantinopel selbst, plünderten einige Kirchen, und kehrten mit dem Raube und zahlreichen Gefangenen zurück[1]). Die Zahl der Gefangenen von Konstantinopel und von den anderen Städten soll 270000 betragen haben[2]). Endlich gelang es dem Kaiser im Jahre 624 Frieden mit den Avaren zu schliessen, um den Zug gegen die Perser zu beginnen. Sie erschienen aber noch einmal 626 gemeinsam mit den Persern, um die Hauptstadt zu belagern. Nur die Tapferkeit der Griechen und ihre Tüchtigkeit zur See haben die Stadt gerettet[3]).

Wir haben mit Absicht die schwierige Lage des Reiches etwas länger beschrieben, um zu zeigen, wie teuer dem Kaiser die Wiedergewinnung seiner Provinzen und die Rettung des Reiches zu stehen gekommen ist. Er hatte sechs Jahre hindurch (622—628) persönlich im feindlichen Lande den Krieg geführt und alle möglichen Schwierigkeiten und Gefahren durchgekostet. Sein Brief, welcher im Chronikon Paschale[4]) aufbewahrt ist, ist der beste Ausdruck seiner persönlichen Stimmung. Kretschman[5]) hat Recht, wenn er bemerkt, Heraklius war überzeugt, dass durch seine Siege eine neue Ära für das Reich beginnen sollte; und wer weiss, wie fruchtbar diese Siege für den Staat gewesen sein würden, wenn nicht die Araber noch als Gegner der Byzantiner aufgetreten wären. Aber jedenfalls war der Perser sein grösster Feind, der vor ein paar Jahren sein Reich zu vernichten drohte, niedergeschlagen.

Sollte nicht ein so kluger und staatsmännischer Kaiser, wie Heraklius, auch an die innere Befestigung und die Sicherheit seines Staates gedacht haben?

---

[1]) Theophanes S. 632—633; Chronikon Paschale. Migne Patr. gr. T. XCII. S. 1000.
[2]) Ласкинъ a. a. O. S. 40.
[3]) Chron. Pasch.: Migne S. 1005—1016.
[4]) Bei Migne S. 1017.
[5] Kretschmann a. a. O. S. 23.

Aber es fehlte ihm der innere Friede seines Reiches; er hatte schon persönlich in Armenien und Syrien die grosse Abneigung bemerkt, die bei diesen Völkern gegen die Byzantiner herrschte. Es war ein sehr grosser Teil der Bevölkerung und gerade in den so schwer wiedergewonnenen Provinzen, welcher wegen der religiösen Unterdrückung durch die Byzantiner mit Hass und Feindschaft gegen das Reich und seine Kirche erfüllt war. Das ganze Ägypten, woher Konstantinopel hauptsächlich sein Getreide bekam[1]), teilweise Palästina, vor allem aber Syrien, waren monophysitisch. Die Armenier waren in diesem Punkte auch Bundesgenossen der syrischen Monophysiten, obwohl sie nicht Monophysiten im eigentlichen Sinne waren. Um die letzteren Provinzen, Armenien und Syrien, hatte das Reich Jahrhunderte lang Kriege gegen die Perser geführt, und die Vergangenheit hatte doch wohl schon gezeigt, welche Schwierigkeiten diese religiöse Spannung zwischen den zwei Richtungen dem Reiche bereitete.

Dieses Schisma in der Kirche war durch das Konzil von Chalcedon (451) entstanden. Vor diesem hatte die alexandrinische Theologie als orthodoxe Lehre für die allgemeine katholische Kirche gegolten. Der beste Vertreter dieser Schule, besonders in den christologischen Streitigkeiten ist Cyrill 412—444, dessen Lehre im Satze μία φύσις τοῦ θεοῦ λόγου σεσαρκωμένη gipfelt. Ihre lebendige soteriologische Frömmigkeit hatte die Orientalen dahin geführt, in der geschichtlichen Persönlichkeit Jesu Christi eine gottmenschliche Einheit zu erblicken. Es war ganz logisch, und es entsprach auch der religiösen Frömmigkeit des Gläubigen, dass sein σωτήρ in seiner Erscheinung göttlich sein sollte; denn von einem Menschen konnte er keine σωτηρία erwarten. Auch Cyrill betont die Vereinigung der Gottheit und Menschheit κατὰ φύσιν. In seinem Briefe an Nestorius legt er seine μία-φύσις-Lehre sehr

---

[1]) Johannes von Ephesus, Kirchengeschichte. Übs. von Schönfelder. München. 1862. S. 33.

ausführlich dar, besonders scharf und klar in den 12 Anathematismen am Ende desselben Synodalschreibens[1]).

Das Konzil von Chalcedon aber, durch und durch eine Frucht der kaiserlichen Politik und nicht der Entwicklung der religiösen Frömmigkeit[2]), brachte eine neue Lehre. Zu der Lehre der drei ersten Konzilien und besonders der Cyrills wurde noch hinzugefügt ἐν δύο φύσεσιν ἀσυγχύτως, ἀτρέπτως, ἀδιαιρέτως, ἀχωρίστως γνωριζόμενον, οὐδαμοῦ τῆς τῶν φύσεων διαφορᾶς ἀνηρημένης διὰ τὴν ἕνωσιν, σωζομένης δὲ μᾶλλον τῆς ἰδιότητος ἑκατέρας φύσεως, καὶ εἰς ἓν πρόσωπον καὶ μίαν ὑπόστασιν συντρεχούσης[3]). Die neue Lehre war Leos Brief entnommen[4]).

Diese Lehre war für die Orientalen absolut fremd; sie ist im Abendlande entstanden und entwickelt[5]). Der fromme Orientale konnte nicht verstehen, wie die Eigentümlichkeiten jeder Natur neben der Einheit der Person Christi bewahrt sein sollten. Darum haben sowohl die Monophysiten wie die Armenier in Leos Brief immer Nestorianismus gefunden.

Die Geschichte der folgenden zwei Jahrhunderte zeigt, wie verhängnisvoll diese Lehre für das orientalische Christentum und für das Reich wurde. Die Bestätigung der Orthodoxie Cyrills neben der Leos war ein Kompromiss, und nichts ist gefährlicher als Kompromisse in Gewissenssachen. Es beginnt eine lange Zeit inneren Aufruhrs im Reiche[6]). In Palästina, in Ägypten, in Syrien wurden Aufstände und Un-

---

[1]) Mansi, Collect. Concil T. IV. 1081—1084.
[2]) Harnack, Dogmengeschichte II S. 348—349; Krüger a. a. O. S. 60—61.
[3]) Mansi VII. S. 116.
[4]) Mansi V. S. 1366. Epistola ad Flavianum Episcopum Constantinopolitanum. Wir zitieren hier einige charakteristische Stellen zum Vergleich des chalcedonianischen Symbols. Kap. 3: Salva igitur proprietate utriusque naturae et substantiae et in unam coeunte personam; tenet enim sine defectu proprietatem suam utraque natura; Kap. 4: Agit enim utraque forma cum alterius communione quod proprium est.
[5]) Harnack, Dogmengeschichte II S. 357—358. Loofs, Leitfaden der Dogmengeschichte, Halle a. S. 1893. S. 121. 163. 171.
[6]) Krüger, a. a. O. S. 69—70; 75; 81—82; 89; Möller, Kirchengeschichte I S. 444; Kattenbusch, Lehrbuch der vergleichenden Konfessionskunde I S. 213.

ruhen angestiftet. Die Mehrheit wollte nicht mehr der »Synode, welche die ganze Kirche Gottes zerstört und beunruhigt«, gehorchen[1]). Selbst die Kaiser mussten, teils aus innerer Überzeugung, teils aus politischen Rücksichten, sich für oder wider die neue Partei erklären, deren Anhänger von jetzt an den Namen Monophysiten tragen. Wie wenig die Lehre von Chalcedon im Orient festen Fuss fasste, dafür ist der Umstand der beste Beweis, dass es bis zur Zeit Justinians I. dort keinen chalcedonianischen Schriftsteller gab. Die kräftige Politik Justinians, der die Union zwischen Morgen- und Abendland stiften wollte, trug viel zur Erhöhung des Chalcedonense bei, obwohl dies cyrillisch interpretiert wurde[2]). Unter Justin II. (565—578) ruht die Unionspolitik nicht; er versucht sogar durch die Unterdrückung der Monophysiten die Union zu stande zu bringen. In der Person des Bischofs Johannes von Ephesus haben wir einen Augenzeugen, der diese Verfolgungen und Grausamkeiten sehr lebendig geschildert hat[3]).

Das Resultat dieser Unterdrückung war nichts anderes, als die Vertiefung des religiösen Zwistes und des politischen Hasses gegen das Reich und seine Kirche, deren Wurzel zu tief in den national-religiösen Neigungen der an der Grenze wohnenden Völker ruhte. In dieser Weise entstanden die morgenländisch-monophysitischen Kirchen: die koptisch-abessynische und syrisch-jakobitische. Die armenische Kirche, schon längst ganz selbständig, hatte sich nach dem Chalcedonense von der Reichskirche auch dogmatisch losgelöst, indem sie den altkatholischen, vorchalcedonianischen Traditionen und Lehren treu zu bleiben sich bemühte.

Der letzte und gewaltigste Versuch, alle diese Kirchen sammt der römischen zur Einheit zu bringen und dadurch auch die fast 200jährigen inneren Unruhen im Reiche zu beseitigen, wurde von Heraklius (vom Patriarchen Sergius inspiriert) gemacht. Aus diesem Versuch entstand die grosse

---

[1]) Johannes von Ephesus, Kirchengeschichte S. 21.
[2]) Harnack, Dg. II S. 391; 394; 396; Loofs, Dg. S. 176.
[3]) Joh. von Ephesus, a. a. O. S. 6—7; 9—10; 20—24; 30 u. s. w.

monotheletische Streitigkeit, die fast ein ganzes Jahrhundert dauerte. Mit Professor Harnack stimmen wir darin überein, dass diese Bewegung ihre Entstehung den politischen Unionszwecken des Heraklius verdankt[1]). Als religiöse Streitigkeit wurzelt sie allerdings in dem Entwicklungsprozesse der christlichen Dogmen. Die Lehre des Monotheletismus, dass Christus μίαν ἐνέργειαν und auch μίαν θέλησιν gehabt, ist nichts anderes, als die Folgerung aus der μία-φύσις-Lehre. Die Einheit der Person, die Einheit der menschlichen und göttlichen Naturen, wie sie der Monophysitismus lehrte, führt zur Einheit der Wirkung und Willensäusserung. So ist auch die Behauptung der Gegner, der Dyophysiten, dass Christus zwei »Wirkungen« und zwei Willensäusserungen, eine menschliche und eine göttliche, gehabt haben sollte, die Folgerung aus der Zwei-Naturen-Lehre von Chalcedon und des Satzes Leos: agit enim utraque forma cum alterius communione, quod proprium est[2]). Sogar die Ausdrücke μία ἐνέργεια und μία θέλησις, die die Grundlage der neuen Lehre sind, waren nicht neu: die Kirchenväter vor und nach dem Chalcedonense haben sie gebraucht[3]). Dennoch behaupten wir, dass die Bewegung aus politischen Gründen entstanden und zu einer solchen Ausdehnung gelangt ist. Die Spitzen des Reiches wollten den Monophysiten durch die monergetisch-monotheletische Lehre entgegenkommen und sie zur Union bewegen. Die neue Lehre war durch und durch im monophysitischen Sinne; das Konzil von Chalcedon wurde nur nominell beibehalten[4]). Selbst die Monophysiten haben dies sehr gut verstanden, indem sie sagten: οὐχ ἡμεῖς τῇ Χαλκεδόνι, ἀλλ' ἡ Χαλκεδὼν μᾶλλον ἡμῖν ἐκοινώνησεν, διὰ τῆς μιᾶς ἐνεργείας μίαν ὁμολογήσασα φύσιν Χριστοῦ[5]).

[1) Harnack Dg. S. 400.

[2) Mansi V. S. 1375.

[3) Harnack, Dg. II S. 399.

[4) Vgl. die alexandrinischen Unionskapitel Mansi XI S. 564.

[5) Theophanes S. 680; Εἰς τὸν βίον καὶ τὴν ἄθλησιν τοῦ ἁγίου πατρὸς ἡμῶν καὶ ὁμολογητοῦ Μαξίμου. Migne. Patr. gr. XC. S. Maxim. op. 1 S. 77.

Hätten nicht die irenischen Absichten des Kaisers und des Patriarchen bestanden, so hätten die Parteien weiter in ihren Lehren beharrt; zumal die monophysitischen Kirchen schon am Anfang unserer Streitigkeit getrennt und in sich organisiert waren.

II.
Die Quellen zur Entstehungsgeschichte des Monotheletismus.

Die griechischen Quellen über die Entstehung des Monotheletismus sind sehr widerspruchsvoll. Im grossen und ganzen können wir diese Quellen in drei Gruppen teilen. Die Schriften der ersten Gruppe, A, bezeichnen Theodosiopolis, d. i. Karin (jetzt Erserum) in Armenien als den Ort des Ausbruchs unserer Bewegung, und die Verhandlungen des Kaisers mit einem gewissen Paul, dem Vorsteher der Severianer, als den Anfang der Lehre von der μία ἐνέργεια und der mit ihr verbundenen monotheletischen Streitigkeiten [1]). Zu der zweiten Gruppe, B, gehören die Schriften, die Hierapolis in Syrien als den Ort der Entstehung angeben, und dem jakobitischen Patriarchen Athanasius die Entstehung jener Lehre zuschreiben [2]).

---

[1]) a. Der Brief des Kyros, Bischofs von Phasis, an den Patriarchen Sergius von Konstantinopel. Mansi: Collect. Concil. T. XI. S. 559.
  b. Die Antwort des Sergius an Kyros von Phasis. Mansi XI S. 525.
  c. Der Brief des Sergius an den Papst Honorius. Mansi XI S. 529.

[2]) a. Theophanes: Chronographia, bei Migne: Patrologiae graecae T. CVIII p. 677.
  b. Γεωργίου τοῦ Κεδρηνοῦ σύνοψις ἱστοριῶν bei Migne Patr. gr. T. CXXI. S. 805.
  c. Ἰωάννου τοῦ Ζωναρᾶ τὰ εὑρισκόμενα πάντα Migne Patr. gr. T. CXXXIV. S. 1283.
  d. Εἰς τὸν βίον καὶ τὴν ἄθλησιν τοῦ ὁσίου πατρὸς ἡμῶν καὶ ὁμολογήτου Μαξίμου. Migne Patr. gr. T. XC: S. Maximi Opera I S. 69.
  e. Libellus Synodicus, Mansi X S. 606.

Die Schriften der Gruppe C erwähnen den Ort der Entstehung nicht und bezeichnen andre Personen als die Urheber der Streitigkeiten[1]).

Von vornherein können wir sagen, dass die unter A und C bezeichneten Quellen für uns wichtiger sind als die unter B genannten. Denn die A- und C-Quellen sind nicht nur älter als die B-Quellen, sondern sie sind besonders wichtig dadurch, dass ihre Autoren alle an den Streitigkeiten persönlich Teil genommen haben und zwar manche von ihnen sogar von den ersten Anfängen an. Das älteste Schriftstück unter A und überhaupt in der ganzen Litteratur unsrer Streitigkeiten ist der an den Patriarchen Sergius von Konstantinopel im Jahre 626 geschriebene Brief des Kyros, Bischofs von Phasis. In der 13. Sitzung der 6. allgemeinen Synode (681) haben wir ein wichtiges Zeugnis für die Zeitbestimmung dieses Briefes. Der Bibliothekar der Patriarchal-Archive, Diakonus Georg, macht folgende Mitteilung darüber: καὶ κατὰ πρώτην τάξιν εὗρον ἐν τῷ χαρτοφυλακίῳ τοῦ εὐαγοῦς πατριαρχείου πρὸς τοῖς ἤδη προκομισθεῖσι παρ' ἐμοῦ, ἐπιστολὴν Κύρου ἐπισκόπου τηνικαῦτα τοῦ Φάσιδος τυγχάνοντος, σταλεῖσαν πρὸς Σέργιον τὸν γενόμενον πατριάρχην τῆς θεοφυλάκτου ταύτης καὶ βασιλίδος πόλεως πρὸ πεντήκοντα ἓξ χρόνων κατὰ τὴν ιδ' ἐπινέμησιν τοῦ παρελθόντος κύκλου[2]).

Das zweite Schriftstück ist die Antwort des Patriarchen Sergius an denselben Bischof Kyros, und das dritte der Brief des Patriarchen Sergius an den Papst Honorius. Dieser Brief ist nach der Union zwischen Monophysiten und Chalcedonianern in Alexandrien (633) unter dem Patriarchen Kyros von Alexandrien und nach der Wahl des Mönches Sophronius zum Patriarchen von Jerusalem geschrieben worden. Sergius erwähnt in seinem Briefe, dass Sophronius schon gewählt sei,

---

[1] a. S. Maximi Disputatio cum Pyrrho, bei Migne Patr. gr. T. XCI. S. Maximi Opera II S. 287.

b. Das Schriftstück des Bischofs Stephan von Dor in den Akten der Lateransynode, Mansi X. S. 892.

[2] Mansi XI S. 557; vgl. Walch B. IX S. 107. Hefele S. 131.

aber sein Synodalschreiben noch nicht bekommen habe[1]), also im ersten Jahr des Sophronius, im Anfang des Jahres 634. Von diesen drei Schriften gibt uns nur die letzte eine Reihenfolge und einen verhältnismässig ausführlichen Bericht über die Entstehung unserer Bewegung; die zwei ersten sind als Ergänzung der Nachrichten zu betrachten. Wir zitieren hier wörtlich die für uns notwendige Stelle . . . πρότινος φανεροῦ χρόνου, ἡνίκ ατὴν κατὰ Περσῶν ἐκστρατείαν ὁ καλλίνικος καὶ θεοστήρικτος δεσπότης καὶ μέγας βασιλεὺς ἐποιεῖτο, διὰ τοὺς ὑπὲρ τῆς παρὰ τοῦ θεοῦ καταπιστευθείσης αὐτῷ φιλοχρίστου πολιτείας ἀγῶνας, καὶ ἐπὶ τὰ τῆς Ἀρμενίων χώρας γέγονε μέρη· τῶν δὲ πρωτευόντων τις τῆς δυσασεβοῦς Σεβήρου τοῦ καταράτου μερίδος, Παῦλος τοὔνομα, ἐν ἐκείνοις τοῖς τόποις ἀναφανεὶς προσέλευσιν τῇ αὐτοῦ ἐποιήσατο εὐσεβείᾳ τὸν ὑπὲρ τῆς κατ᾽ αὐτὸν πεπλανημένης αἱρέσεως προβαλλόμενος λόγον, καὶ τούτῳ δῆθεν συνηγορῶν, ἐφ᾽ οἷς ἡ πανευσεβὴς αὐτοῦ καὶ βασιλικὴ μεγαλόνοια, (μετὰ γὰρ τῶν ἄλλων τοῦ θεοῦ χαρισμάτων καὶ τὴν τῶν θείων δογμάτων καταπλουτεῖν ἔλαχε γνῶσιν) διελέγξασά τε καὶ θριαμβεύσασα τὴν μοχθηρὰν τούτου δυσασέβειαν, τοῖς αὐτοῦ βεβήλοις κακοτεχνίαις τὰ τῆς ἁγιωτάτης ἡμῶν ἐκκλησίας, ὡς ἀληθὴς ταύτης ὑπέρμαχος, ὀρθὰ καὶ ἀμώμητα ἀντεξήγαγε δόγματα· ἐν εἷς καὶ μιᾶς ἐνεργείας Χριστοῦ τοῦ ἀληθινοῦ θεοῦ ἡμῶν ἐποιήσατο μνήμην[2]).

Der Brief des Kyros bestätigt, dass der Kaiser mit einem Paul über die Streitfrage verhandelt hat; er hat das Dekret des Kaisers gelesen: πρὸς Ἀρκάδιον τὸν ἁγιώτατον ἀρχιεπίσκοπον Κύπρου κατὰ Παύλου τοῦ κεφαλαιώτου τῶν ἀνεπισκόπων μάλα θεοπρεπῶς συνταγείσῃ. Ausserdem erfahren wir aus demselben Briefe, dass er beim Kaiser ein Schriftstück des Patriarchen von Konstantinopel, Sergius, gelesen hat, das ἀντίγραφον εἶναι λεγομένην, καὶ δοκοῦσαν τῆς ῥηθείσεις εὐσεβοῦς κελεύσεως· μνήμην γὰρ ἐποιεῖτο ἐκείνου Παύλου τοῦ φαύλου, ἀλλὰ μὴν καὶ τοῦ τῆς κελεύσεως ἴσου, καὶ τὸν ἐγγεγραμμένον αὐτῷ νοῦν ἀπεδέχετο. Sergius wiederholt in seiner Antwort, dass Kyros das Edikt des Kaisers an Arkadius von Cypern κατὰ Παύλου

[1]) Mansi XI S. 532.
[2]) Mansi XI S. 529.

τοῦ κεφαλαιώτου τῆς τῶν Ἀκεφάλων gelesen habe[1]). Wir müssen hier noch eine Nachricht des Libellus synodicus hinzufügen. Ἐξαίφνης δὲ Ἡράκλειος ἀναλαβὼν ἐκ τῆς δύσεως, Φωκᾶν ἀνελών, τὴν βασιλείαν παρέλαβε. καὶ τὸν κατὰ Περσῶν θεόθεν ἀράμενος πόλεμον, ποταμὸν τὸν Φᾶσιν κατέλαβεν. ἐν ᾧ τῶν Ἀκεφάλων περὶ θελημάτων καὶ ἐνεργειῶν τίς αὐτῷ πεῖσιν προσήγαγεν. ἥντινα πεῦσιν Κύρῳ τῷ Φάσιδος ἐπισκόπῳ ἀνακοινωσάμενος, ἄμφω ἐξαπορήσαντες, τῷ Κωνσταντινουπόλεως Σεργίῳ τὰ περὶ τούτου ἐγνώρισαν. ὅςτις αἱρετικὸν ποιήσας συνέδριον καὶ τὰ συνοδικὰ Μηνᾶ μονομερῶς ἐπισκεψάμενος, μίαν θέλησιν καὶ ἐνέργειαν ἐπὶ Χριστοῦ τοῦ θεοῦ καὶ σωτῆρος ἡμῶν εἶναι, τῷ βασιλεῖ Ἡρακλείῳ ἀντέγραψεν[2]).

Allein ganz anders erzählen über die Entstehung des Monotheletismus die B-Quellen, nämlich die Chronographen Theophanes, Kedrenus und Zonaras. Ziemlich übereinstimmend mit ihnen erzählt auch die Schrift Εἰς τὸν βίον καὶ τὴν ἄθλησιν τοῦ ὁσίου πατρὸς ἡμῶν καὶ ὁμολογήτου Μαξίμου[3]).

Theophanes berichtet folgendes: Τούτῳ τῷ ἔτει (6121 = 629 p. Chr.) τοῦ βασιλέως Ἡρακλείου ὄντος ἐν τῇ Ἱεραπόλει, ἦλθεν πρὸς αὐτὸν Ἀθανάσιος ὁ πατριάρχης τῶν Ἰακωβιτῶν, δεινὸς ἀνὴρ καὶ κακοῦργος τῇ τῶν Σύρων ἐμφύτῳ κακουργίᾳ, καὶ κινήσας πρὸς τὸν βασιλέα περὶ πίστεως λόγους, ὑπισχνεῖτο αὐτῷ Ἡράκλειος, εἰ τὴν ἐν Χαλκηδόνι σύνοδον ὑποδέξεται, πατριάρχην αὐτὸν ποιεῖν Ἀντιοχείας· ὁ δὲ ὑποκριθεὶς ὑπεδέξατο τὴν σύνοδον, ὁμολογήσας τὰς δύο ἐν Χριστῷ ἡνωμένας φύσεις· ἠρώτησέν τε τὸν βασιλέα περὶ τῆς ἐνεργείας καὶ τῶν θελημάτων, τὸ πῶς δεῖ ταῦτα λέγειν ἐν Χριστῷ, διπλᾶ ἢ μονοδικά. ὁ δὲ βασιλεὺς ξενοφωνηθείς, γράφει πρὸς Σέργιον τὸν πατριάρχην Κωνσταντινουπόλεως. Προσκαλεῖται δὲ καὶ Κῦρον τὸν τοῦ Φάσιδος ἐπίσκοπον, καὶ τοῦτον ἐρωτήσας εὗρεν αὐτὸν συμφωνοῦντα τῷ Σεργίῳ εἰς τὸ ἓν θέλημα καὶ τὴν μίαν ἐνέργειαν. Σέργιος γάρ, ἅτε Συρογενής, καὶ γονέων Ἰακωβιτῶν ὑπάρχων, μίαν φυσικὴν θέλησιν

---

[1] Mansi XI. S. 561; 525.

[2] Mansi X S. 606. Walch hat diesen Bericht unter die Quellen gerechnet, die wir mit B bezeichnet haben; allein eine oberflächliche Betrachtung genügt schon, um zu bemerken, dass er eine Anspielung auf die oben zitierten Quellen ist.

[3] S. Maximi Opera I. bei Migne Patr. gr. T. XC. S. 68 ff.

καὶ μίαν ἐνέργειαν ἐν Χριστῷ ὡμολόγησεν καὶ ἔγραψεν. ὁ δὲ βασιλεὺς ἀμφοτέρων στοιχήσας τὴν βουλήν, εὗρεν καὶ τὸν Ἀθανάσιον συμφωνοῦντα αὐτοῖς. ἐγίνωσκεν γάρ, ὅτι ἔνθα μία ἐνέργεια εἴρηται, ἐκεῖ καὶ μία φύσις γνωρίζεται . . . . [1]). Das Übrige gehört der weiteren Entwicklung der Geschichte an. Dasselbe wiederholen auch Kedrenus und Zonaras nur mit folgenden kleinen Abweichungen. Kedrenus setzt das Ereignis in das 25. Regierungsjahr[2]) des Heraklius und gibt dieselben Thatsachen, nur etwas knapper, wieder. Die Abweichungen bei Zonaras sind auffallender, deswegen zitieren wir wörtlich die betreffenden Stellen: Γενομένῳ δὲ τῷ βασιλεῖ Ἡρακλείῳ κατὰ τὴν Ἱερουσαλημ ὁ τῶν Ἰακωβιτῶν καθολικὸς προςελήλυθεν, ὃν ἐκεῖνοι πατριάρχην ὠνόμαζον. τούτῳ τοίνυν ὁ βασιλεὺς αἰτίαν προσῆπτεν, ὅτι τὴν ἐν Χαλκεδόνι μὴ δέχοιτο σύνοδον, μηδὲ δύο φύσεις ἐν Χριστῷ ἡνωμένας ὁμολογεῖ, λέγων ὡς εἴ γε τὴν σύνοδον δέξοιτο, καὶ δύο φύσεις ἡνωμένας ἀσυγχύτως ἐπὶ τοῦ Σωτῆρος Χριστοῦ ὁμολογήσει, ὁμόδοξον αὐτὸν ἡγήσοιτο, καὶ τῆς Ἀντιοχέων ἐκκλησίας πατριάρχην προβάλοιτο . . . .[3]). Ὁ δ' αὐτοκράτωρ γράφει περὶ τούτου δὴ τοῦ ζητήματος πρὸς τὸν Κωνσταντινουπόλεως Σέργιον. Κἀκεῖνος πάλαι τὰ τῆς Μονοθελητῶν πρεσβεύων αἱρέσεως, μίαν φυσικὴν θέλησιν καὶ μίαν ἐνέργειαν δεῖν δογματίζειν ἐπὶ Χριστοῦ, τῷ βασιλεῖ ἀνταπέστειλεν. Ἀλλά καί Κῦρον ἐρωτήσας τὸν Φάσιδος, τῷ Σεργίῳ εὕρηκεν ὁμογνώμενα . . . .

Trotz der Ähnlichkeit der Schrift εἰς τὸν βίον u. s. w. mit Theophanes lohnt es sich doch, auch ihren Inhalt hier kurz anzugeben. Nach ihr ist Heraklius, Sergius und der Hof zunächst orthodox, d. h. sie erkennen zwei Naturen, zwei »Wirkungen« und zwei Willen an. Aber schon nach seinem Siege über die Perser wich er ab. An dieser Umwand-

---

[1]) Theophanes: Chron. bei Migne Patr. gr. T. CVIII 677 ff.
[2]) Coar setzt 20 statt 25.
[3]) Nach unserer Meinung eine viel wichtigere Auffassung, als bei Theophanes. Athanasius selbst würde ohne eine Veranlassung kaum darüber gesprochen haben, zumal, wie wir sehen werden, Heraklius schon vor diesem Ereignis mit den andern Personen verhandelt hatte. Bei Migne a. a. O. T. CXXXIV S. 1283.

lung war der jakobitische Patriarch Athanasius schuld. Οὗτος γὰρ ἐν Ἱεραπόλει τῆς Συρίας τῷ Ἡρακλείῳ διατρίβοντι προσιών, καὶ ὑπούλως τοῦτον καὶ κακοήθως ὑπελθών, πρὸς καὶ ὑποσχέσεσι δελεάσας, ὡς καὶ τὴν ἐν Χαλκεδόνι δέξαιτο σύνοδον, ἢ τὰς δύο φύσεις καθ' ὑπόστασιν ἡνωμένας ἐπρέσβευεν. Der Kaiser seinerseits stellte ihm den Bischofsstuhl zu Antiochia in Aussicht, weil er die Monophysiten mit den Chalcedonianern vereinigen wollte. Athanasius nun περὶ τὰς διττὰς ἐνεργείας καὶ τὰ θελήματα τῶν δύο φύσεων ἐγκατέστησε. παρ' ὃ δὴ καὶ πείθει (der Kaiser) καὶ Σεργίῳ τῷ Κωνσταντινουπόλεως ἀναθέσθαι τὰ δεδογμένα· ἀλλὰ μὴν καὶ Κῦρον ἐκεῖνον τὸν Φάσιδος, πρὸς ἑαυτόν ἤδη μετακαλέσασθαι .... καὶ ὅπερ τούτοις εἴη δοκοῦν, τοῦτ' εἶναι καὶ αὐτῷ (Athanasius) συνδοκοῦν. ᾔδει γὰρ ὁ δύστροπος, ἑκατέρους τῇ μιᾷ ἐνεργείᾳ, καὶ τῷ ἑνὶ στοιχοῦντας θελήματι [1]).

Unter den mit C bezeichneten Berichten über die Entstehung der monotheletischen Streitigkeiten kommt für uns als erster derjenige in Betracht, welcher von dem Abt Maximus Confessor verfasst worden ist. Er ist ein jüngerer Zeitgenosse des Patriarchen Sergius und der andern Teilnehmer an den Streitigkeiten. Auch Maximus hat eine ausserordentliche Rolle in denselben gespielt, aber hauptsächlich in den späteren Perioden. Dieser Maximus hat i. J. 645[2]) in Nordafrika eine Disputation über unsere Streitfragen mit dem abgesetzten Patriarchen von Konstantinopel, dem Nachfolger des Sergius, Pyrrhus, gehalten, welcher ebenfalls auf Seiten des Monotheletismus stand, wie sein Vorgänger. Diese Disputation enthält auch einige Notizen über den Ursprung der Streitigkeiten, welche sonst von niemandem mehr berichtet werden und für uns sehr wertvoll sind. Sie sind von Maximus dem Pyrrhus als Antwort gegeben, welcher meinte, dass Sophronius (634 Patriarch von Jerusalem), und zwar unnötig, den Streit über die Energieen begonnen habe. Maximus behauptet, dass ehe

---

[1]) Migne: Patr. gr. T. XC. S. 76—77. Über die Beschaffenheit und Entstehungszeit dieses Schriftstückes vgl. Walch, Ketzergeschichte B. IX S. 66.

[2]) Hefele: Conc. Gesch. III S. 189.

Sophronius als Gegner des Monotheletismus hervorgetreten sei (zum ersten Mal in Alexandrien 633 wegen der 9 Unionskapitel des Kyros, Patriarchen von Alexandrien), die Frage schon von Sergius in Bewegung gesetzt worden war; und als Beweise dafür teilt er die folgenden Thatsachen mit:

a) Sergius hatte schon an Theodor, den Bischof von Pharan geschrieben, und ihm den Brief des Mennas διὰ τῆς μεσιτείας Σεργίου τοῦ Μακαρωνᾶ, τοῦ Ἀρσινόης ἐπισκόπου zugeschickt προτρεπόμενος αὐτὸν περὶ τῆς ἐν τῷ λιβέλλῳ (des Mennas) μιᾶς ἐνεργείας, καὶ ἑνὸς θελήματος τὰ δοκοῦντα εἰπεῖν, καὶ ἀντέγραψεν, ἀποδεχόμενος αὐτά.

b) Sergius hatte schon ἐν Θεοδοσιουπόλει πρὸς Παῦλον τὸν Μονόφθαλμον καὶ ἀπὸ Σεβηριτῶν geschrieben und schickte auch ihm den Brief des Mennas und den des Theodor von Pharan καὶ ἑαυτοῦ συγκατάθεσιν.

c) Sergius hatte schon an Georg, Arsas genannt, welcher ein Paulianist war, geschrieben, dass er ihm Beweisstellen περὶ μιᾶς ἐνεργείας schicken sollte, ὅτι ἐν ταύταις, καὶ τὴν πρὸς αὐτοὺς τῆς ἐκκλησίας ποιεῖ ἕνωσιν. Diesen Brief hatte der selige Johannes, der Patriarch von Alexandrien, aus der Hand Arsas' genommen, und als er infolgedessen seine Absetzung vornehmen wollte, wurde er durch den Einfall der Perser daran verhindert.

Endlich d): er erwiderte dem Kyros von Phasis περὶ μιᾶς ἐνεργείας, καὶ δύο, ἐρωτηθεὶς παρ' αὐτοῦ, πέμψας καὶ αὐτῷ τὸν ῥηθέντα λίβελλον Μηνᾶ [1]).

Wenn wir zu diesen Berichten noch den des Bischofs Stephanos von Dor hinzufügen, so haben wir alle Quellen zusammengestellt, welche von den ersten Anfängen dieser Streitigkeiten handeln. Stephan von Dor war von Sophronius, dem oben genannten Patriarchen von Jerusalem, wegen der Streitfragen nach Rom geschickt worden [2]). Auch er war

---

[1]) Migne Patr. gr. T. XCI. Maximi op. II. S. Maximi Disp. c. Pyrrho. S. 332—333.

[2]) Hefele III S. 210.

in der gegen den Monotheletismus unter dem römischen Bischof Martin I. gehaltenen Lateransynode (649) anwesend und hat ihr eine Schrift überreicht. Er hat in dieser Schrift vor der Auseinandersetzung der monotheletischen Lehre eine kurze Mitteilung über ihre Urheber gemacht, die wir hier zitieren: ταύτην γὰρ θεοτίμητι γαλυνιῶσαν καὶ εἰρηνεύουσαν, κυμάτων δίκην ἀγρίων ἐπελθόντες, ἐτάραξαν διὰ τῆς οἰκείας αἱρέσεως, ἐν πρώτοις μὲν Θεόδωρος ὁ τῆς Φαρὰν ἐπίσκοπος γεγονώς. ἔπειτα Κῦρος ὁ Ἀλεξανδρείας, εἶτα Σέργιος ὁ Κωνσταντινουπόλεως, καὶ οἱ τοῦτον διαδεξάμενοι Πύρρος καὶ Παῦλος[1]).

So mannigfaltig und widerspruchsvoll berichten unsere Quellen über die Entstehungsgeschichte des Monotheletismus. Welcher von diesen Berichten richtig ist, wollen wir in der folgenden Untersuchung zu erkennen suchen.

III a.

Chronologisch-kritische Beleuchtung der A- und B-Quellen und ihres Verhältnisses zu einander.

Nach unseren A-Quellen ist der Ausdruck μία ἐνέργεια in Theodosiopolis entstanden und mit ihm auch der Anfang der Streitigkeiten. Sie erzählen uns wenigstens nichts darüber, ob vor diesem Ereignis schon irgend etwas in dieser Angelegenheit geschehen ist. Leider geben sie kein chronologisches Datum darüber.

Allein Theophanes teilt uns mit, dass Heraklius zweimal in Armenien gewesen ist. Für das Jahr 6113 nach der Weltschöpfung schreibt er: τούτῳ τῷ ἔτει μηνὶ Ἀπριλλίῳ δ΄, ἰνδικτιῶνι ι΄, τελεύσας ὁ βασιλεὺς Ἡράκλειος τὴν ἑορτὴν τοῦ πάσχα, εὐθέως τῇ δευτέρᾳ ἑσπέρας ἐνίκησεν κατὰ Περσίδος[2]). Das zweite Mal für das Jahr 6114 τούτῳ τῷ ἔτει μηνὶ Μαρτίῳ ιε΄, ἰνδικτιῶνι

---

[1] Mansi X S. 893.
[2] Theophanes: bei Migne Patr. gr. S. 634.

ια΄, ἀπάρας ὁ βασιλεὺς Ἡράκλειος ἀπὸ τῆς βασιλίδος κατὰ τάχος ἀφίκετο εἰς Ἀρμηνίαν¹). Nach der Zeitrechnung des Theophanes ist das Jahr 6113 μὴν Ἀπρίλλιος = 622 p. Ch. und 6114 μὴν Μάρτιος = 623 p. Ch.²).

Wann ist dann die Ankunft des Kaisers in Theodosiopolis gewesen?

Auch bei dem armenischen Historiker Sebeos, dem Bischof der Bagratunier, welcher ein Zeitgenosse des Heraklius ist, und ein Werk unter dem Namen »Geschichte des Heraklius«³) geschrieben hat, ist von zwei Zügen des Kaisers nach Armenien gegen die Perser die Rede; allein nur für den ersten erwähnt er, dass der Kaiser ihn über Karin, d. h. Theodosiopolis (das jetzige Erserum) gemacht hat. Leider pflegt Sebeos nicht bestimmte Zahlen als Daten anzugeben; er begnügt sich damit, dass er manchmal irgend ein Regierungsjahr der persischen Könige oder der byzantinischen Kaiser angiebt. Nach Sebeos soll der Zug nach Armenien im 34. Jahre der Regierung des persischen Königs Chosrau Parvez begonnen worden sein. »Er (der Kaiser) feierte Ostern in Konstantinopel, schreibt Sebeos, und am Ostermontag fuhr er über das Meer nach Chalcedon. Von da kam er nach Cäsarea in Kappadocien, und von Cäsarea nahm er mit 120 000 (Soldaten) die Richtung nach dem Norden und ging gerade nach Karin...«⁴).

Die Ähnlichkeit der gesperrten Worte mit denen des Theophanes für das Jahr 6113 = 622 ist klar. Sebeos hat nichts über den Zug des Kaisers nach Cilicien und über den Kampf bei Issus mitgeteilt, weil diese Begebenheiten seinem Zwecke fern lagen; denn er wollte nur diejenigen Partieen

---

¹) Theophanes: bei Migne Patr. S. 640.
²) Über die Art und Weise der Zeitrechnung bei Theophanes vgl. Ideler Handbuch der mathematischen und technischen Chronologie Bd. II S. 448—449; Hefele: Conciliengesch. Bd. III. S. 123. Nach Baronius Annales Ecclesiastici T. XI. S. 173—177 ist der erste Zug um 621 zu setzen.
³) Ed. von Patkanian. Petersb. 1879.
⁴) Sebeos Kap. XXVI.

des Zuges beschreiben, welche hauptsächlich für Armenien in Betracht kamen. Also auch Sebeos hat in diesen Worten den ersten Zug des Heraklius im Sinne, welchen Theophanes ins Jahr 622 setzt. Allein es ist hier eine Schwierigkeit zu lösen. Das 34. Jahr des Chosrau ist dem Jahre 623—624 p. Ch. gleich; denn der Regierungsantritt des Chosrau fällt, wie Nöldeke zeigt[1]), in den Sommer 590. Es ist ein offener Widerspruch mit Theophanes, wenn das Datum des Sebeos richtig ist. Aus zwei Stellen bei Sebeos aber ersehen wir, dass er den Chosrau ein Jahr früher den Thron besteigen lässt, als es eigentlich der Fall war. So setzt er z. B. die Ermordung des Mauricius und den Regierungsantritt des Phokas in das 14. Jahr[2]) des Chosrau, also in das Jahr 603, statt 602[3]). Dasselbe Datum für die Ermordung des Mauricius und die Thronbesteigung des Phokas gibt auch Tabari[4]). Mit Recht aber bemerkt Nöldeke, dass dieses Ereignis schon im Laufe des 13. Jahres des Chosrau (im November 602) stattgefunden hat[5]). Ausserdem ist nach Sebeos das 22. Jahr des Chosrau[6]) gleich dem ersten des Heraklius, dessen Thronbesteigung nach Theophanes 6102 = 610 p. Ch., auf den 4. Oktober zu setzen ist[7]). Also auch hier ist derselbe Fall zu bemerken.

Noch ein anderer Umstand bestätigt die Richtigkeit des Datums des Zuges bei Theophanes. Der armenische Schriftsteller Moses Calancatuatzi sagt, dass Chosrau in seinem

---

[1] Nöldeke, Tabari: S. 430, 431, 435 Anhang; Nöldeke: Aufsätze zur persischen Geschichte. Lpzg. 1887. S. 122; Nordtmann: Chronologie der Sassaniden S. 24. Sitzungsberichte der phil. philol. und hist. Klasse der Berliner Akad. d. Wissensch. 1874. Vgl. auch Dulaurier: Recherches sur la chronologie arménienne S. 555.

[2] Sebeos: Kap. 21.

[3] Über den Fehler des Theophanes in diesem Datum (nach ihm um 6095 = 603 p. Ch.) vgl. Ed. de Muralt: Essai de Chronographie Byzantine S. XIII.

[4] Tabari S. 290.

[5] Vgl. Dulaurier: Recherches S. 356.

[6] Sebeos: Kap. 24.

[7] Tabari: S. 459; Dulaurier S. 220; Nöldeke: Aufsätze S. 126.

38. Regierungsjahr ermordet worden ist[1]). Nach Nöldeke ist Chosrau's Absetzung am 25. Februar 628 und sein Tod am 29. desselben Monats erfolgt[2]). Der kleine Unterschied in dem Briefe des Heraklius hat für uns keine Bedeutung[3]). Wenn es festgestellt ist, dass Chosrau in seinem 38. Jahre ermordet, und das bestimmte Datum seiner Regierung in die Jahre 590 bis 628 (25. Februar) fällt, so ist klar, dass das 34. Jahr des Chosrau nicht gleich 622—623 sein kann, sonst würde er 626—627 gestorben sein. Es ist klar, dass das Datum bei Sebeos falsch ist. Die Möglichkeit ist nicht ausgeschlossen, dass in diesem Falle Sebeos selbst keine Schuld trifft; denn die betreffenden armenischen Buchstaben für 3 und 4 konnten wegen ihrer Ähnlichkeit in den Cursivhandschriften sehr leicht verwechselt werden. Der Kaiser ist also jedenfalls 622 in Karin-Theodosiopolis gewesen, und in dieselbe Zeit sind wohl auch die Verhandlungen des Kaisers mit Paulus zu setzen[4]).

Wann haben aber die Verhandlungen des Kaisers mit Athanasius stattgefunden?

Unsere Hauptquelle für dieses Ereignis, Theophanes, setzt die Ankunft des Kaisers in Hierapolis und seine Zusammenkunft mit dem Patriarchen der Jakobiten, Athanasius, ins Jahr 6121 = 629 p. Ch.[5]). Kedrenus, der ganz ähnlich wie Theophanes erzählt, weicht im Datum von ihm ab und setzt es in das 25. Regierungsjahr des Heraklius[6]), also 634—635 p. Ch. Zonaras gibt kein Datum, aber setzt diese Zusammenkunft in Jerusalem, was allerdings falsch ist, hinter die Erzählung von der Befreiung des Kreuzes und des Patriarchen Zacharias, also nach 629. Auch der Verfasser des »Lebens des Maximus« verlegt die Entstehung der Bewegung in die Zeit nach der

---

[1]) Moses Calancatuatzi, Historia terrae Albanorum ed. M. Emin Moskau 1860. 1865. Teilweise M. Brosset: Extraits de l'histoire des Aghovans en arménien, St. Petersb. 1851.
[2]) Tabari: S. 382 Anmerkung.
[3]) Chron Pasch., Migne: Patr. gr. T. XCII S. 1020.
[4]) Baronius, Annales ecclesiastici S. 179, 181.
[5]) Theophanes S. 677 bei Migne.
[6]) cf. Anm. 2 auf S. 19.

Beendigung des Krieges, ohne jedoch ein bestimmtes Datum zu geben. So die griechischen Chronographen.

Ausser den obengenannten Schriftstellern schreiben über diese Thatsache auch die syrischen Historiker Michael der Syrer[1]), Patriarch der Jakobiten 1166—1199 und Mar Gregorius Barhebräus, Maphrian des Orients 1264—1286, der seine Arbeit hauptsächlich aus Michael und seinen Vorgängern geschöpft hat[2]).

Nachdem Michael den Tod des Chosrau, den Regierungsantritt Kavadh's und seine Friedensverhandlungen erzählt hat, teilt er folgendes mit: »Und Heraklius wendete sich (von Syrien) nach Theodosiopolis und schwächte (er denkt an das Konzil von Karin) die Armenier wegen der Unwissenheit des Esras, ihres Führers. Aber er konnte nicht alles so durchsetzen, wie er wollte, weil Gott die mühevolle Arbeit (das »Schwitzen«) des Märtyrers Gregorius (des armenischen Illuminators) ansah. Danach kam er nach Urha (Edessa); dort kam ihm die Mehrzahl der Geistlichen entgegen, weil man aus den Klöstern des Berges insgesamt herbeieilte und sich unter die Bewohner der Stadt mischte. Der König bekam Respekt vor ihnen, beugte sich und fiel vor den Heiligtümern nieder auf die Erde. Er sagte: es ist nicht gut, von den Gebeten dieser Leute ausgeschlossen zu sein, wenn sie auch die Anhänger der Lehre einer Natur sind. Seine Ankunft fand am Feste der Geburt Christi statt; er ging in die Kirche der heiligen Sophie und reichte der Kirche und den Priestern Geschenke dar. Während der Messe bat er um Teilnahme an der Kommunion, aber der Erzbischof Esajas forderte von ihm zuerst, dass er den Tomos des Leo und das Konzil von Chalcedon verdammen sollte. Der König

---

[1]) Der Text der Geschichte Michaels war bis vor kurzem nur in einer armenischen Übersetzung vorhanden, ist aber, wie ich aus Krumbacher, Gesch. d. byz. Lit., entnehme, jetzt im Urtext gefunden, allerdings noch nicht ediert.

[2] Vgl. Schönfelder: Kirchengeschichte des Johannes von Ephesus, München 1862 S. XI und Gelzer: Sextus Julius Africanus und die byzantinische Chronographie II 1. S. 401.

wurde darüber zornig, nahm den Schlüssel der Kirche an sich und ging hinaus. Nach der Messe warf er sie (die Jakobiten) aus der Kirche heraus und gab sie den Chalcedoniancrn. Und der heilige Athanasius, der Patriarch von Antakh kam nach Mnbetsch (Mabug, Hierapolis), um dem Könige entgegen zu gehen. Unter den 12 Bischöfen ... (es folgen die Namen) befand sich auch Esajas von Urha (Edessa), welcher zu ihm gegangen war, um über jenen Vorfall Bericht zu erstatten. Als der König in Mnbetsch war, besuchten sie ihn dort und sagten: mache uns, o König, die Herrlichkeit (Herrschaft) der Perser nicht lieber, als die der Christen und beeile dich nicht, die Wahrheit auszutreiben. Der König verstand dieses Wort und sass 12 Tage lang mit seinen Weisen und Ratgebern gegen die Orthodoxen (Monophysiten) zu Rate; da siegte die Wahrheit. Er sagte: es ist kein Makel an ihnen, aber wir wollen auch an unserem Glauben festhalten. Da ging er (der Kaiser) nach Antakh. Die Fürsten und Geistlichen der Stadt und diejenigen, welche am königlichen Hofe waren, berieten sich und sagten dem König: Wenn du diese Lehre nicht offen bekämpfst, wie die Römer und Griechen wünschen (im Text: sagen), so kann dein Reich nicht lange Bestand haben, und es wird Gott an dir auch nicht Wohlgefallen haben, wenn die Arbeit so vieler Menschen vernichtet wird. Der König hörte sie an und gab Befehl, die Monophysiten zu schmähen und zu quälen. Sie dürfen sich nicht unterstehen, vor mir zu erscheinen; sie dürfen keine Kathedrale besitzen; ich habe Grossarmenien umgewandelt, und wer sind diejenigen, welche mir nicht gehorchen wollen?«

Ausser dieser Mitteilung besitzen wir bei demselben Verfasser noch einen Brief von diesem Athanasius an den schon abgesetzten Vorgänger des Esras, Christaphor, der viele Schüler um sich versammelt hatte und in einem Kloster lebte. Der Anfang dieses Briefes handelt wieder von der armenischen Union. »Meinem Vater und Herrn Christaphor Freude im Herrn! Ich habe gehört, dass die Thorheit des Esras deiner Heiligkeit nicht gefallen hat, und preise Christus und seine

Gnade an dir¹).« Es ist sehr wahrscheinlich, dass dieser Brief in der Zeit zwischen der armenischen Union und den Verhandlungen des Kaisers mit Athanasius geschrieben worden ist.

Aus dieser Mitteilung erhellt, dass Michael der Syrer die Zusammenkunft des Kaisers mit Athanasius nach dem Konzil von Karin geschehen sein lässt, welches, wie wir sehen werden, im Jahre 633 stattgefunden hat. Das Ereignis in Hierapolis ist also nach diesem Datum an den Anfang des Jahres 634 p. Ch. zu setzen; denn der Kaiser war zu Weihnachten in Urha (Edessa). Barhebräus, der seine ganze Erzählung über diesen Athanasius von Michael entnommen, schreibt nichts von den Bemerkungen, die Michael über das Konzil von Karin gemacht hat, weswegen auch Assemanni mit den andern diese Zusammenkunft gegen das Jahr 629 setzt, obwohl er das Konzil von Karin um 632 stattfinden lässt²).

Die Zeitangaben des Theophanes und des Michael sind sehr verschieden. Welcher von beiden hat Recht?

Dass der Kaiser 629—630 in Syrien gewesen, ist eine Thatsache, die nicht nur Theophanes, sondern auch Sebeos berichtet. Gleich nach der Erzählung von der Erhöhung des Kreuzes in Jerusalem, schreibt Sebeos: Und er (der Kaiser) ging seinen Weg, gerade nach dem syrischen Mesopotamien, damit er die Grenzen der Städte für sich bestimmen könnte³). Die Befreiung des Kreuzes und die Rückkehr des Kaisers von Jerusalem nach Syrien setzt Theophanes ins Jahr 6120 = 628, indem er schreibt: Εἰσελθὼν δὲ ὁ βασιλεὺς ἐν Ἱεροσολύμοις, καὶ ἀποκαταστήσας Ζαχαρίαν τὸν Πατριάρχην, καὶ ζωοποιὰ ξύλα εἰς τὸν ἴδιον τόπον, καὶ πολλὰ εὐχαριστήσας τῷ θεῷ ... Καὶ ἐλθὼν εἰς τὴν Ἱεράπολιν, ἤκουσεν ὅτι Σιρόης τέθνηκεν ὁ τῶν Περσῶν βασιλεύς⁴). Die armenischen Schriftsteller aber bringen fast ohne Ausnahme die Befreiung des Kreuzes in Zusammenhang mit der

---

[1] Ich zitiere die Handschrift in der königl. Bibl. zu Berlin, weil mir dort kein gedrucktes Exemplar zugänglich war.
[2] Assemanni Bibliotheca juris orientalis T. IV S. 17—18.
[3] Sebeos: Kap. 29.
[4] Theophanes: bei Migne S. 676.

Thronbesteigung des persischen Feldherrn Šahrparâz, der vom 27. April bis zum 9. Juni 630 regierte [1]). Aber Nöldeke beweist, dass die Erhöhung des Kreuzes schon am 4. September 629 geschehen ist. In dieser Zeit war Šahrparâz noch nicht König; trotzdem steht es fest, dass der Kaiser mit Šahrparâz darüber verhandelt hat. Vor dem Regierungsantritt des Šahrparâz war dem Heraklius das Kreuz schon zurückgeschickt worden [2]). Es ist also eine Thatsache, dass Heraklius nach der Erhöhung des Kreuzes um 629—630 in Syrien gewesen ist; aber das ist kein Beweis dafür, dass auch die religiösen Verhandlungen im Jahre 629 stattfanden, wie es allgemein angenommen wird.

Das bestätigt nicht nur Michael der Syrer, sondern nach unserer Meinung auch der Brief des Sergius an den Papst Honorius, wo folgende Mitteilung steht [3]): ἀρτίως δὲ ὁ πανευσεβὴς καὶ θεοστήρικτος ἡμῶν δεσπότης (Heraklius) κατὰ τὴν Ἐδεσσηνῶν διατρίβων πόλιν πανευσεβῆ κεραίαν ἐποιήσατο πρὸς ἡμᾶς παρακελευομένην, ἵνα τὰς πατρικὰς ἐκείνας παρεκβάλωμεν χρήσεις τὰς ἐμφερομένας τῷ γενομένῳ, ὡς εἴρηται, παρὰ τοῦ ἐν ἁγίοις Μηνᾶ πρὸς τὸν ἁγιώτατον Βιγίλιον δογματικῷ περὶ μιᾶς ἐνεργείας καὶ ἑνὸς θελήματος λόγῳ, καὶ ταύτας τῇ θεοσόφῳ αὐτοῦ ἀποστείλωμεν γαληνότητι· ὃ δὴ καὶ πρὸς ἔργον ἡγάγομεν· Man hat diese Stelle wohl bemerkt und auf die Verhandlungen des Kaisers in Hierapolis bezogen [4]). Allein es liegt auf der Hand, dass Sergius von einem Briefe des Kaisers, der um 628—629 geschrieben sein sollte [5]), 634 nicht das Wort ἀρτίως gebraucht haben würde. Von Michael dem Syrer haben wir schon erfahren, dass der Kaiser nach der armenischen Union in Edessa oder Urha gewesen ist. Zu diesem äusseren Zeugnis kommt noch das innere im Briefe des Sergius an Honorius. Nachdem er die oben zitierte Mitteilung gemacht hat, schreibt er: ἡμεῖς δὲ τὴν

---
[1]) Tabari (Nöldeke) S. 388; Nöldeke, Aufsätze zur persischen Geschichte S. 129.
[2]) Tabari (Nöldeke) S. 392 Anmerkung; Nöldeke, Aufsätze S. 129.
[3]) Mansi XI S. 536.
[4]) Assemanni, Bibliotheca Juris Orientalis S. 24.
[5]) Baronius, Annales T. XI S. 230.

τῶν ἤδη κεκινημένων ἔχοντες μνήμην, καὶ τὸν ἐκ τῆς τοιαύτης κινήσεως ἀρξάμενον θόρυβον ἐπιστάμενοι, ἀνηγάγομεν τῇ αὐτοῦ πανευσεβεῖ γαληνότητι διὰ μετρίας ἡμῶν ἀναφορᾶς καὶ γραμμάτων πρὸς τὸν εὐκλεέστατον βασιλικὸν σακελλάριον τῶν περὶ τούτου παρ' ἡμῶν γενομένων ἅπασαν ἐξῆς τοῦ κεφαλαίου τὴν λεπτομέρειαν, καὶ ὡς οὐ χρὴ τὰ περὶ τῆς τοιαύτης ζητήσεως ἐρευνᾶν, ἀλλ' ἐμμένειν τῇ τετριμμένῃ καὶ συμφώνως παρὰ πάντων ὁμολογουμένῃ πατρικῇ διδασκαλίᾳ περὶ τοῦ τοιούτου ζητήματος, καὶ ὁμολογεῖν τὸν μονογενῆ υἱὸν τοῦ θεοῦ, τὸν ὄντα κατὰ ἀλήθειαν θεὸν ἅμα καὶ ἄνθρωπον, τὸν αὐτὸν ἐνεργεῖν τὰ θεῖα καὶ ἀνθρώπινα· καὶ ἐξ ἑνὸς καὶ τοῦ αὐτοῦ σεσαρκωμένου θεοῦ λόγου, καθ' ἃ φθάσαντες ἔφημεν, πᾶσαν προϊέναι ἀμερίστως καὶ ἀδιαιρέτως θείαν τε καὶ ἀνθρωπίνην ἐνέργειαν[1]).

Wir wissen, dass der erste Gegner des Monotheletismus Sophronius war, der erst nach der Union in Alexandrien (633) ans Licht tritt. Aus dem ganzen Briefe des Sergius können wir schon sehen, dass er keinen andern Gegner kennt, als den Sophronius. Der an dieser Stelle erwähnte θόρυβος ist also der Streit des Sophronius in Alexandrien und in Konstantinopel[2]). Wegen dieser Unruhe gibt Sergius dem Kaiser den Rat, dessen wir schon gedacht haben. Daraus folgt, dass die Verhandlungen des Kaisers mit Athanasius im Laufe desselben Jahres oder ein paar Monate später stattgefunden haben und nicht 629. Wir schweigen auch davon, dass Sergius selbst nichts von den Verhandlungen des Kaisers im Jahre 629 erzählt, was sehr unverständlich wäre, wenn sie wirklich vor der Abfassungszeit des Briefes stattgefunden hätten.

Wir möchten noch das Folgende hinzufügen. Sophronius, der neugewählte Patriarch von Jerusalem anathematisiert unter den anderen Häretikern in seinem Synodalschreiben an Sergius auch unsern Athanasius: μεθ' ὧν (mit den anderen Häretikern) καὶ οἱ αὐτῶν τῆς ἀσεβείας διάδοχοι ἀνάθεμα ἔστωσαν καὶ κατάθημα Ἀθανάσιός τε ὁ Σύρος, καὶ ὁ Ἀποζυγάριος Ἀναστάσιος, καὶ οἱ τὴν τούτων ἀσύμβατον σύμβασιν, ἀσυμβάτως τε καὶ ἀμαθῶς προσιέμενοι,

---

[1]) Mansi XI S. 536—537.
[2]) Vgl. denselben Brief Mansi XI. S. 532 - 533.

καὶ ἀλογίστων δίκην κτήνων ὑπ' αὐτῶν βουκολούμενοι· καὶ ἀλλήλοις μέν φησι φιλικῶς συμφερόμενοι, ὑπ' ἀλλήλων δὲ τοῖς ἀναθεματισμοῖς ἐχθρωδῶς τιτρωσκόμενοι· ἐνδυέσθωσαν δὲ σὺν αὐτοῖς καὶ περιβαλλέσθωσαν τὸ ἀνάθημα καὶ κατάθεμα [1]).

Hier handelt es sich um die Union, die die obengenannten Personen Athanasius und Anastasius im Jahre 616 nach Barhebräus gestiftet haben sollen[2]). Hier ist, wie auch Walch bemerkt (S. 90), keine Rede von den Verhandlungen in Hierapolis, weil Sophronius nichts von ihnen wusste. Wenn dieses Ereignis wirklich 629 stattgefunden hätte, wie Theophanes erzählt und alle neueren Gelehrten behaupten, so wäre es geradezu unmöglich, dass er nichts davon gehört haben sollte. Denn Sophronius war der einflussreichste Gegner des Monotheletismus; er hatte ihn in Alexandrien, in Konstantinopel vor den Patriarchen der beiden Städte bekämpft, er war jetzt zum Patriarchen von Jerusalem gewählt worden, hatte also Beziehungen zu den in dem Streit beteiligten Personen; ist es also nicht wahrscheinlich, dass er etwas davon gehört haben sollte? Und wenn er etwas gehört hätte, so würde er sicherlich nicht geschwiegen haben, weil doch sein ganzes Schreiben gegen die neue Lehre gerichtet war.

Die Mitteilung des Barhebräus[3]), dass dieser Athanasius 631 gestorben ist, verdient keine Glaubwürdigkeit. Dagegen spricht nicht nur Michael der Syrer, der ihn nach der armenischen Union in Karin (633) einen Brief an den abgesetzten Vorgänger des Esras, den Katholikos Christophor schreiben lässt, wie wir gesehen haben, sondern auch Dionysios Barsalibi setzt seinen Tod in das Jahr 644[4]).

Aus allen diesen Erörterungen glauben wir schliessen zu dürfen, dass die Religionsverhandlungen des Kaisers mit Athanasius nicht in das Jahr 629, sondern 633—634 fallen.

---

[1] Mansi XI. S. 501.
[2] Assemanni, Bibliotheca orient. II S. 334. Lequien II S. 444; Walch a. a. O. S. 90, 91.
[3] Assemanni, Bibliotheca orient. II S. 334.
[4] Assemanni, Bibliotheca orient. II S. 103.

Nachdem wir die Daten der Verhandlungen des Kaisers mit Paulus in Armenien und mit Athanasius in Hierapolis festgestellt haben, ist es ganz selbstverständlich, dass die Berichte des Theophanes, welche die Bewegung des Monotheletismus mit den Verhandlungen des Kaisers in Hierapolis begonnen sein lassen, nicht richtig sein können. Wenn der Kaiser schon 622 die Lehre von der μία ἐνέργεια ausgesprochen und vor 626 der Beschützer und Verbreiter derselben gewesen war, wie der Brief des Kyros von Phasis bezeugt[1]), so ist es gänzlich falsch, wenn Theophanes behauptet, dass die Frage περὶ τῆς ἐνεργείας καὶ τῶν θελημάτων dem Kaiser fremd war, und er von Sergius durch einen Brief, und von Kyros von Phasis persönlich wissen wollte, ob sie διπλᾶ ἢ μονοδικά sind. Es kann auch die Behauptung nicht richtig sein, dass der Kaiser den Kyros von Phasis wegen dieser Frage zu sich nach Syrien berufen habe, weil seine Verhandlungen, wie wir gesehen haben, 634 stattfanden. Seit 630 aber war Kyros schon Patriarch von Alexandrien. Die Behauptung Lupus', dass der Kaiser sogar die Akten dieser Verhandlungen ad Sergium et Cyrum Lazorum Metropolitam geschickt hat, entbehrt jeder Grundlage[2]). Es ist wieder unrichtig, dass Sergius erst jetzt seinen Beifall zu der neuen Lehre gegeben hat. Dagegen sprechen nicht nur die oben zitierten Briefe, sondern auch Zonaras, der behauptet, dass Sergius πάλαι τὰ τῆς Μονοθελητῶν πρεσβεύων αἱρέσεως, μίαν φυσικὴν θέλησιν καὶ μίαν ἐνέργειαν δεῖν δογματίζειν ἐπὶ Χριστοῦ . . . . [3]).

---

[1] Mansi XI S. 561.

[2] Lupus, Dissert. de VI. Synodo Kap. 1; Baronius, Annales XI S. 182; Assemanni.

[3] Zonaras: bei Migne CXXXIV 1285. Über die andern Fehler des Theophanes in seiner Darstellung der Entstehungsgeschichte des Monotheletismus vgl. Hefele a. a. O. S. 135—136.

III β.
Die C-Quellen
und das erste Datum in der Monotheleten-Geschichte.

Nachdem wir die Widersprüche unserer A- und B-Quellen auseinandergesetzt haben, müssen wir jetzt auch noch das Verhältnis zwischen den A- und C-Quellen in Ordnung bringen, um den frühesten Zeitpunkt des Monotheletismus festzustellen.

Walch und Hefele[1]) haben auf Grund der Aussage Stephans von Dor, welcher den Bischof Theodor von Pharan als πρῶτος unter den Monotheleten nennt, die Vermutung aufgestellt, dass auch Maximus dasselbe thue, da er von ihm in dem ersten seiner oben erwähnten 4 Punkte spreche.

Allein die genaue Prüfung dieser Quellen zeigt, dass diese Behauptung nicht wohl begründet sein kann. Aus dem ganzen Bericht des Stephan von Dor sehen wir, wie schlecht er über die Entstehungsgeschichte des Monotheletismus unterrichtet ist. Er nennt als πρῶτος unter den Monotheleten den Theodor von Pharan, als zweiten Kyros von Alexandrien und erst als dritten Sergius von Konstantinopel. Nichtsdestoweniger hat Sergius schon sehr früh und schon vor Kyros, wie Kyros selbst in seinem Briefe bezeugt, an dem Streit Teil genommen und sogar den Entwurf eines kaiserlichen Ediktes zur Verteidigung der neuen Lehre gemacht[2]). Dies ist ein unerschütterlicher Beweis dafür, dass Stephan von Dor in der Entstehungsgeschichte des Monotheletismus nicht gut unterrichtet war, wenn er den Kyros dem Sergius voranstellt. Ausserdem können wir auf Grund der Stelle bei Stephan von Dor und ihrer Fortsetzung wohl annehmen, dass er sich Kyros zu der Zeit, da er die Union stiftete (633), als Patriarchen von Alexandrien, und nicht als Bischof von Phasis vorstellt, welcher 626 mit dem Kaiser verhandelte. Hiernach könnte es scheinen, als ob er überhaupt nichts von den letzten Verhandlungen weiss.

---
[1]) Walch Bd. IX S. 93, 98. Hefele a. a. O. S. 125—126.
[2]) cf. S. 17 (dieser Arbeit).

Nach dieser Erwägung dürfen wir annehmen, dass, wenn Stephan von Dor Theodor von Pharan πρῶτος unter den Monotheleten nennt, er nicht etwa an einen Vorgang vor dem Schreiben des Sergius an den Paulianisten Georg, Arsas genannt, denkt, wie Walch[1]) und Hefele[2]) es für wahrscheinlich halten, sondern an einen viel späteren. Vielleicht steht dieser Bericht über Theodor von Pharan in irgend welcher Beziehung zu der Nachricht, die der Verfasser der Schrift εἰς τὸν βίον u. s. w. über die Union in Alexandrien von 633 mitteilt: Ἀμελεῖ καὶ Κῦρος Θεοδώρῳ τῷ τῆς Φαρὰν ἐπισκόπῳ πρὸς λόγους ἐλθών, σφόδρα αὐτῷ τοῖς Μονοθελήταις συνομαρτοῦντι, ποιεῖται ἤδη σὺν τούτῳ τὴν οὕτω καλουμένην ὑδροβαφῆ ἕνωσιν[3]). Dieselbe Nachricht haben wir auch bei Theophanes[4]). Es ist dies wohl möglich, zumal auch Sophronius, nachdem er umsonst in Alexandrien gegen die Union seinen Widerspruch erhoben hatte, nach Konstantinopel geht, um sich bei Sergius zu beklagen. Aus unseren Quellen ersehen wir nicht, dass Sophronius irgend eine Ahnung von der früheren Stellung des Sergius zur Streitfrage hat. Daher ist es nicht ausgeschlossen, dass auch der Gesandte des Sophronius, Stephan von Dor, über die Entstehungsgeschichte nicht unterrichtet war.

Für uns ist die Nachricht des Maximus viel wichtiger; aber auch bei ihm ist keine chronologische Reihenfolge gegeben[5]). Prüfen wir aber diese Nachrichten genauer, so scheint es möglich zu sein, eine gewisse Chronologie herzustellen. Aus 4 Punkten, welche Maximus über die Vorgeschichte des

---

[1]) Walch a. a. O. S. 93, 98.
[2]) Hefele a. a. O. S. 125, 126.
[3]) Migne Patr. XC. Opera Maximi I S. 77.
[4]) Migne CVIII S. 680.
[5]) Walch a. a. O. S. 94 hält seinen Bericht für chronologisch; S. 105 —106 aber widerspricht er sich selbst, indem er behauptet, dass Sergius aus Theodosiopolis (nach Walch selbst a. 622—623. S. 102, an Paul den Einäugigen geschrieben hat; denn diese Nachricht steht bei Maximus an 2. Stelle und der 3. Punkt ist nach Walch selbst in den Zeitraum um 616 zu setzen.

Monotheletismus giebt, ersehen wir, dass der Brief des Mennas an Theodor von Pharan, an Paulus den Einäugigen, den Severianer, und an den Bischof Kyros von Phasis geschickt worden ist; vom Paulianisten Georg dagegen erbittet Sergius Beweisstellen περὶ μιᾶς ἐνεργείας. Es ist falsch, wenn Walch (Bd. IX, S. 99) den Brief des Mennas auch dem Georg gesandt sein lassen will. Die Antwort des Bischofs Theodor von Pharan aber ist allein an Paulus den Einäugigen geschickt. Dieser Brief ist nicht mit dem für identisch zu halten, welcher mit dem Dekret des Kaisers zusammenhängt, weil in ihm der Antwort Theodors von Pharan nicht Erwähnung gethan wird. Nun, wenn Sergius die Antwort des Bischofs Theodor von Pharan schon so früh bekommen hätte, würde er sie nicht auch den anderen Männern geschickt haben, wie es mit dem Briefe des Mennas der Fall war? Aus dem Antwortschreiben des Sergius an Kyros von Phasis sehen wir, wie sich Sergius bemüht, dem Kyros die Wahrheit der neuen Lehre von der μία ἐνέργεια zu beweisen. Er lässt sogar den Brief Mennas' und die Schrift des Patriarchen Eulogius von Alexandrien abschreiben und schickt diese Abschriften mit einem Briefe an ihn. Würde er nicht auch die Antwort Theodors, die sehr günstig für die neue Lehre war, mitgeschickt oder sie wenigstens erwähnt haben?

Nach dieser Erörterung müssen wir notwendigerweise annehmen, dass sich Sergius nicht im ersten Anfang der Entstehung unserer Streitigkeiten an Theodor von Pharan gewendet hat, sondern viel später. Leider sind wir nicht im Stande, die Zeit dieses Briefwechsels zu bestimmen, aber soviel scheint sicher, dass er nicht vor 626 stattgefunden hat. Nachdem Sergius die Antwort Theodors bekommen, schickt er sie mit dem Mennasbrief an Paul den Einäugigen. Die ersten Anfänge dagegen beginnen bei ihm damit, dass er Beweisstellen über die μία ἐνέργεια vom Paulianisten Georg erbittet.

Nach der Aussage des Maximus ist dies noch zur Zeit des alexandrinischen Bischofs Johann Eleemosynarius geschehen, welcher 606—616[1]) Bischof von Alexandrien gewesen war. Also um 616 hatte schon Sergius an den Paulianisten Georg geschrieben und Beweisstellen erbeten. Allein der Persereinfall in Alexandrien, welchen Maximus ausdrücklich erwähnt, findet nach Theophanes[2]) 6107 = 615/6 statt; τούτῳ τῷ ἔτει, schreibt er, παρέλαβον οἱ Πέρσαι πᾶσαν τὴν Αἴγυπτον καὶ Ἀλεξανδρείαν καὶ Λιβύην ἕως Αἰθιοπίας. Tabari lässt die Schlüssel der Stadt Alexandrien im 28. Regierungsjahr des Chosrau (617) zu ihm schicken. Nöldeke meint, dass die Schlüssel etwas später in die Hand des Königs gelangt sind[3]). Michael der Syrer setzt die Eroberung von Jerusalem durch den persischen Feldherrn Šahrparâz in das 6. Regierungsjahr des Heraklius (616), wenn er sagt: und nach einem Jahr ging er nach Ägygten, eroberte es und unterjochte das ganze Libyen den Persern bis zum Kuschan (Äthiopien). Die Eroberung Jerusalems aber fällt sicher nicht in das Jahr 616, sondern 614[4]). Wenn nun die Eroberung Ägyptens ein Jahr darauf stattgefunden haben soll, so müsste sie in das Jahr 615 fallen. Wie verschieden nun aber auch diese Daten sind, so ist doch wenigstens soviel sicher, dass Ägypten erst 616 in die Hände der Perser gefallen war.

Daraus folgt, dass Sergius schon seit 616, wenn nicht früher, sich mit den Ausdrücken des Monotheletismus μία ἐνέργεια und μία θέλησις beschäftigt, und die Union der Monophysiten ins Auge gefasst hatte, worüber Sergius in seinem Briefe an Honorius gänzlich schweigt.

---

[1] Herzog, RE² VII S. 40. Wetzer und Welte's Kirchenlexikon Bd. 6 S. 1598; Baronius setzt seinen Tod um 620. S. 170. Theophanes S. 124 setzt das erste Jahr seines Episkopats um 6101 = 609 p. Ch.

[2] Theophanes: bei Migne S. 632. Baronius, Annales ecclesiastici ed. Theiner S. 154.

[3] Tabari (Nöldeke) S. 291.

[4] Theophanes: bei Migne S. 632; Baronius T. XI. S. 121—122; Dulaurier S. 221; Tabari S. 294.

IV.
Geschichtliche Darstellung des Monotheletismus bis zum Konzil von Karin (633).

Im vorigen Kapitel haben wir gesehen, dass das früheste und sicherste Datum in der monotheletischen Bewegung in der Zeit von 616 liegen kann. In diesem Jahre schreibt der Patriarch Sergius an den Paulianisten Georg, Arsas genannt, er solle ihm Beweisstellen περὶ μιᾶς ἐνεργείας schicken; ausserdem wissen wir aus diesem Bericht, dass er die Absicht hatte, die Paulianisten in die Kirche aufzunehmen. Dieser Bericht ist für uns sehr wertvoll: denn aus ihm ersehen wir klar, wo die monotheletische Bewegung ihren Ursprung nimmt[1]. Der Patriarch Sergius wollte eine Union mit den Monophysiten stiften. Allerdings ist hier nur von der Union mit einer monophysitischen Partei, mit den Paulianisten[2], die Rede, aber der spätere Lauf der Dinge zeigt, dass Sergius schon von Anfang an grosse Unionspläne im Auge gehabt hat. Die Bewegung in ihrer Vorgeschichte wird eingefädelt durch Sergius, sofern er versucht, sowohl die monophysitischen Häupter wie die orthodoxen Bischöfe für die Union zu gewinnen.

Für das Verständnis der Sache wird es vielleicht nicht unnützlich sein, wenn wir eine kurze Charakteristik dieser Persönlichkeit zu geben versuchen.

Theophanes berichtet, dass Sergius ein Sohn jakobitischer Eltern war[3]. Von seiner Erziehung erfahren wir nichts; aber der Umstand, dass er zum Patriarchen von Konstantinopel gewählt wurde in der Zeit, als die Mono- und Dyophysiten

---

[1] Auch die 6. allgemeine Synode nennt als den 1. Monotheleten den Sergius. Mansi XI. 13. Sitzung S. 555. Vgl. Hefele 126.

[2] Über die Entstehung dieser Partei: Johann von Ephesus Kirchengeschichte S. 161, 164, 165, 169, 171, 189 und Walch Bd. VIII S. 547; Bd. IX S. 99.

[3] Theophanes: bei Migne S. 690. Σέργιος γάρ, ἅτε Συρογενὴς καὶ γονέων Ἰακωβιτῶν ὑπάρχων, μίαν φυσικὴν θέλησιν καὶ μίαν ἐνέργειαν ἐν Χριστῷ ὡμολόγησεν καὶ ἔγραψεν.

einander so scharf gegenüberstanden, beweist, dass er eine orthodoxe Erziehung genossen und in diesem Kreise auch seine Laufbahn begonnen haben muss[1]). Als Diakonus wirkte er in der Hauptstadt, und 609 p. Chr. ist er zum Patriarchen derselben Stadt gewählt worden[2]). Er hat den Kaiser Heraklius gekrönt, aber von engen und freundschaftlichen Beziehungen zwischen ihm und dem Kaiser wissen wir aus der Zeit vor der Expedition des Kaisers gegen die Perser nichts. Im Jahre 619 hat er zusammen mit dem Volke den Kaiser verhindert, die Stadt zu verlassen und nach Karthago zu ziehen. Von jetzt an sehen wir ihn mit dem Kaiser Hand in Hand gehen. Wenn der Kaiser mit dem Schwerte in der Hand das gesunkene Reich hob, so fand er dabei in der thatkräftigen Wirksamkeit des Sergius eine Unterstützung, die nicht zu unterschätzen ist. In der Abwesenheit des Kaisers sollte Sergius διοικεῖν πράγματα σὺν Βονοσῷ τῷ πατρικίῳ[3]). Was für ein Ansehen er im Reiche genoss, zeigen die Worte, die der Kaiser an ihn richtete, als er die Stadt verlassen und seinen Zug gegen die Perser beginnen wollte. Εἰς χεῖρας τοῦ θεοῦ καὶ τῆς θεομήτερος, καὶ σοῦ ἀφίημι τὴν πόλιν ταύτην καὶ τὸν υἱόν μου, sagte der Kaiser[4]). In der Abwesenheit des Kaisers aber war er l'âme de l'empire, un inspirateur de toutes les instances[5]). Er hatte schon dem Kaiser und dem Reiche einen grossen Dienst erwiesen, indem er die kirchlichen Schätze für die Expedition bewilligte und dadurch dem Volke das beste Beispiel von Opferwilligkeit gab.

Die Abwesenheit des Kaisers hat allerdings viel dazu beigetragen, sein Ansehen im Reiche zu erhöhen, aber niemals sehen wir, dass er von diesem für seinen persönlichen Ehrgeiz Gebrauch macht. Er wirkt und thut alles im Namen des Kaisers, wenn er auch selbst der Geist der Sache ist.

---

1) Vgl. Walch Bd. IX S. 83.
2) Theophanes S. 624.
3) Theophanes S. 633. Vgl. Kedrenus S. 785.
4) Kedrenus I. Migne Patr. gr. T. CXXI S. 785.
5) Drapeyron S. 140.

Dass der Kaiser religiös gesinnt war, ist nicht zu leugnen, aber Sergius erst hat seine Religiosität geschärft und wirksam gemacht und hat seiner Thätigkeit ein religiöses Gepräge verliehen. Daher fasste auch der Kaiser seine Kriege gegen die Perser als eine religiöse Sache auf[1]). Diese Auffassung entsprang aber nicht allein seiner politischen Klugheit, sondern wirklich seiner innersten Überzeugung.

Die begeisternden Reden des Sergius im Namen des Christentums, um das Volk zur Verteidigung der Hauptstadt zu ermutigen, als die Avaren und Perser gemeinsam sie im Jahre 626 belagerten, sind parallele Erscheinungen dazu[2]). Sein starker Einfluss ist besonders in den religiös-politischen Dingen bemerkbar; aber auch hier verstand er es, seine Kraft und Leistungsfähigkeit mit einer ausserordentlichen Bescheidenheit zu verbinden[3]). Dennoch war es kein Geheimnis, dass der eigentliche Leiter der Unionssache in der monotheletischen Bewegung Sergius selbst war[4]). Selbst der Kaiser hat dies bekannt[5]). Wenn Maximus seinem Nachfolger Pyrrhus über seinen Charakter sagt: οὐδὲν οὕτως ἀπεδιέθηκέ με πρὸς τὸν πρὸ σοῦ ὡς τὸ παλίμβολον αὐτοῦ und ihm Wankelmütigkeit vorwirft, so darf man dies nicht für baare Münze und als zuverlässiges Zeugnis nehmen; denn nur Klugheit und Vorsichtigkeit veranlassten Sergius sich derartig zu äussern:

[1) Vgl. seine Reden bei Theophanes S. 636, 641 und seinen Brief Chron. Pasch. S. 1017.

[2) Vgl. Drapeyron S. 221—223.

[3) Vgl. seinen Brief an Honorius.

[4) Der zweite Brief des Kyros von Alexandrien an Sergius, wo er die Union »euer Werk« nennt. Hefele III S. 138.

[5) Ekthesis (638 vom Kaiser erlassen): non est mea; neque enim ego vel dictavi — schreibt er an Papst Johann IV. — vel jussi ut fieret. Sed cum hanc Sergius patriarcha composuisset ante quinque annos prius quam ab oriente repedassem, deprecatus est me, cum ad hanc felicem pervenissem urbem, ut nomine meo proponeretur cum subscriptione; et suscepi deprecationem illius, nunc vero cognosco quod quidem super ea alter careatur, cunctis facio manifestum, quia non est mea. Mansi XI Seite 9. In der Collatio inter Maximum. Vgl. Hefele III. S. 178.

Er wollte nur Frieden in der Kirche stiften, und der von uns schon erwähnte Rat, den Sergius dem Kaiser in seinem Briefe an Honorius gibt, ist ein guter Beweis dafür. Wenn die kaiserliche und patriarchale Gewalt so verständnisvoll mit einander wirkten, so war es das Werk des Sergius. Den Kaiser, wie den Patriarchen beseelte derselbe Geist. Ob aber der Kaiser irgend eine Ahnung von der Unionssache des Sergius i. J. 616 hatte, wissen wir nicht. Nur 622 sehen wir den Kaiser für diese Sache thätig. Aber die Wahrscheinlichkeit liegt nicht fern, dass der Kaiser erst später in diese Sache hineingezogen worden ist.

616 also ist der erste Anfang der Bewegung, wenigstens auf Grund unserer Quellen. Aber der Umstand, dass dem Patriarchen Sergius der Ausdruck μία ἐνέργεια schon bekannt ist, und er nur Beweisstellen zur Bestätigung dieser Lehre von Georg erbittet, lässt wohl darauf schliessen, dass er sich schon vor dieser Zeit mit der Frage beschäftigt hat. Es ist nicht ausgeschlossen, dass er von demselben Paulianisten Georg auf diesen Ausdruck aufmerksam gemacht worden ist. Aus den späteren Vorgängen sehen wir, dass die Schrift Mennas' zur Bestätigung der μία ἐνέργεια und μία θέλησις von Sergius sehr eifrig benutzt ist. Ist ihm dieser Brief schon vor 616 bekannt gewesen, und hat Sergius erst in diesem Briefe die neue Lehre gefunden? Wir haben schon im vorigen Kapitel auf diese Frage geantwortet. Vor 626 finden wir keine Erwähnung desselben; es ist ein Irrtum, wenn Walch den Brief des Mennas auch diesem Georg geschickt sein lassen will[1]), wenigstens macht unser Text keine Andeutung darüber. Der Brief des Sergius, an Arsas geschickt, fällt in die Hände des Patriarchen Johann von Alexandrien. Wie es dazu kam, ist nicht bekannt. Aber jedenfalls hat dieses Ereignis grosses Aufsehen erregt; denn unsere Quelle berichtet: ὅθεν καὶ βουληθεὶς (Johann von Alexandrien) δι' αὐτὴν ποιῆσαι τὴν καθαίρεσιν

---

[1]) Walch, Entwurf einer vollständigen Historie der Ketzereien. Leipzig 1780.

αὐτοῦ, doch wurde er durch die persischen Einfälle daran verhindert[1]). Man hat schon mit Recht bemerkt, dass diese Stelle dunkel ist: es kann αὐτοῦ auf Georg oder auch auf Sergius bezogen werden. Aber mit Walch halten auch wir es für wenig wahrscheinlich, dass ein orthodoxer Patriarch die καθαίρεσις über einen monophysitischen Paulianisten ausgesprochen haben sollte.

Der zweite Punkt in unserer Geschichte ist die Zusammenkunft des Kaisers mit Paul, dem Vorsteher der Severianer. Wir haben schon festgestellt, dass dieses Ereignis i. J. 622 stattgefunden hat. Unsere einzige Quelle für diese Zusammenkunft ist der Brief des Sergius an den Papst Honorius. Aus diesem Briefe erfahren wir, dass, als der Kaiser in Armenien war, zu ihm einer von den Vorstehern der Sekte des gottlosen, verfluchten Severius, mit Namen »Paulus« kommt. »Er machte einen Angriff auf seine Frömmigkeit, indem er eine Rede zur Verteidigung seiner irreführenden Häresie hielt; und indem er lange mit ihm redete, widerlegte die königliche Frömmigkeit und Beschlagenheit in diesen Dingen seine arglistige Gottlosigkeit und triumphierte über sie. Der Kaiser hatte ausser den andern Gottesgaben auch völlige Kenntnis von den göttlichen Lehren. Denn seinen schlechten Ränken hielt er die rechten und unbefleckten Dogmen unserer heiligen Kirche entgegen, als ein wahrer Verfechter derselben. Hier that er (der Kaiser) auch der einen Wirkung Christi unseres wahren Gottes Erwähnung«[2]). Nach dem Bericht des libellus synodicus[3]) aber kommt einer von den Akephalern zum Kaiser und legt einen Bericht περὶ θελημάτων καὶ ἐνεργειῶν vor, was uns nicht glaubwürdig scheint.

Wie diese Zusammenkunft zu stande gekommen, warum Paul der Severianer eine Verteidigungsrede für seine Richtung vor dem Kaiser halten musste, darüber sagt die Quelle

---

[1]) Disputatio cum Pyrrho bei Migne T. XCI S. 333.
[2]) Hefele S. 124 hat schon den Irrtum Pagis und Walchs, dass Paulus die Lehre von der μία ἐνέργεια ausgesprochen habe, bemerkt.
[3]) Mansi X S. 606.

nichts. Jedenfalls ist hier von einer Kirchenversammlung keine Rede. Dieser Irrtum ist nur dadurch entstanden, dass man die Verhandlungen des Kaisers mit Paul in Zusammenhang mit dem Konzil von Karin[1]) brachte. Mit aller Sicherheit aber ist diese Zusammenkunft des Kaisers mit Paulus sein erster Unionsversuch. Für uns ist der Bericht sehr wichtig, dass der Kaiser der μία ἐνέργεια Χριστοῦ τοῦ ἀληθινοῦ θεοῦ ἡμῶν Erwähnung gethan hat. Dass der Kaiser in den ersten Jahren keine Ahnung, oder besser gesagt keinen aktiven Anteil an der Bewegung gehabt hat, haben wir schon gesagt. Die Thatsache, dass der Kaiser selbst mit dem monophysitischen Paul über die neue Lehre spricht, lässt bestimmt vermuten, dass sie ihm von Sergius vor der Expedition empfohlen war. Wenn wir die schwierige Lage des Kaisers in den Provinzen betrachten, wo die ganze christliche Bevölkerung monophysitisch wie in Syrien, oder cyrillisch und antichalcedonianisch wie in Armenien war, — und gerade in diesen Provinzen führte er seinen Krieg — so scheint es uns sehr begreiflich, dass er versuchen musste, das Herz dieser christlichen Völker zu gewinnen. Die neue Lehre, μία ἐνέργεια und μία θέλησις in Christo zu bekennen, war doch die richtige Konsequenz aus der Lehre von der μία φύσις, die diese Völker bekannten! Wenn aber in unserer Quelle berichtet wird, dass Paulus »eine Rede zur Verteidigung seiner irreführenden Häresie« gehalten hat, so handelt es sich wahrscheinlich um nichts anderes als um die Lehre von Chalcedon; denn es ist bekannt, dass die Monotheleten, also auch Heraklius, obwohl sie die neue Lehre verteidigten, dennoch das Konzil von Chalcedon nicht ganz wegschaffen wollten.

Aus dem Briefe des Kyros an Sergius wissen wir die weitere Folge dieser Verhandlungen. Der Kaiser hat ein Edikt an Arkadius, Bischof von Cypern, erlassen, der κατὰ Παύλου τοῦ κεφαλαιωτοῦ τῶν ἀνεπισκόπων gerichtet war[2]). Aus diesem

---

[1]) Gegen Lupus a. a. O. Kap. I. S. 7 und Pagi Ann. DCXXII. § 3; Baronius, Annales S. 182 Anm. 2. Vgl. Walch Bd. IX S. 103.
[2]) Mansi XI S. 561.

Briefe wissen wir weiter, dass der Kaiser ein Schriftstück des Patriarchen Sergius bei sich hatte, ein ἀντίγραφον εἶναι λεγομένην, καὶ δοκοῦσαν τῆς ῥηθείσης εὐσεβοῦς κελεύσεως, μνήμην γὰρ ἐποιεῖτο ἐκείνου Παύλου τοῦ φαύλου, ἀλλὰ μὴν καὶ τοῦ τῆς κελεύσεως ἴσου, καὶ τὸν ἐγγεγραμμένον αὐτῷ νοῦν ἀπεδέχετο.

Derselbe Bericht ist in der Antwort des Patriarchen Sergius an Kyros wiederholt, nur mit dem kleinen Unterschiede, dass das Edikt des Kaisers an Arkadius von Cypern κατὰ Παύλου τοῦ κεφαλαιώτου τῆς τῶν Ἀκεφάλων πονηρᾶς συμμορίας genannt ist. Hefele behauptet mit Recht die Identität der beiden Paulus [1]).

Die Identität dieses Paul mit jenem im Theodosiopolis ist viel einleuchtender aus dem Briefe des Sergius an Papst Honorius zu sehen, wo er nach der Erzählung der Verhandlungen des Kaisers mit Paul fortfährt: μετά τινα δὲ καιρὸν ὁ αὐτὸς θεοστήρικτος βασιλεὺς κατὰ τὴν Λαζῶν γενόμενος χώραν (626), τῆς, ὡς εἴρηται, γενομένης αὐτῷ πρὸς τὸν αἱρετικὸν ἐκεῖνον Παῦλον διαλέξεως ἀνεμνήσθη παρουσίᾳ Κύρου τοῦ ἁγιωτάτου [2]).

Noch einen Paulus haben wir in den Berichten des Maximus, woher wir wissen, dass Sergius ἐν Θεοδοσιουπόλει πρὸς Παῦλον τὸν μονόφθαλμον, καὶ ἀπὸ Σεβηριτῶν, ἔγραψε, πέμψας καὶ αὐτῷ λίβελλον Μηνᾶ, καὶ τὴν τοῦ Φαρανίτου, καὶ ἑαυτοῦ συγκατάθεσιν [3]). Wir haben schon zu beweisen versucht, dass dieses Ereignis nach 626 fallen kann. Jetzt ist aber die Frage, ob dieser Paulus mit dem ersten identisch ist? Die Angabe über beide Paulus machen es wenigstens wahrscheinlich. Beide heissen Paulus und sind Severianer; auch die Erwähnung der Stadt Theodosiopolis in den beiden Berichten, obwohl in verschiedenen Zusammenhang, giebt uns das Recht die Identität der beiden Paulus zu vermuten [4]). Der einzige Unterschied liegt nur darin, dass der bei Sergius (in Theodosiopolis) und

---

[1]) Hefele: Conciliengeschichte III S. 132. Ebenda gegen den Irrtum Walchs Bd. IX. S. 25 u. 105.
[2]) Mansi XI. S. 529.
[3]) Migne Patr. gr. T. XCI. S. 332.
[4]) Walch S. 75 bestreitet das.

der bei Kyros (im Dekret) nicht μονόφθαλμος genannt ist; und da ist doch leicht erklärlich, dass man sich scheute in officiellem Briefwechsel — in einem Briefe des Patriarchen an den Papst, in einem Briefe des Metropoliten an den Patriarchen, sowie in dessen Antwort darauf und in einem kaiserlichen Dekret — das Haupt einer christlichen Partei so zu nennen, wie es absolut nicht notwendig war.

Aus dieser Erörterung sehen wir, dass die Zusammenkunft des Kaisers mit Paul in Theodosiopolis keinen positiven Erfolg gehabt hat. Der Kaiser hat es dem Patriarchen mitgeteilt, vielleicht schon persönlich, als er aus Armenien 622 nach Konstantinopel zurückgekehrt war[1]). Sergius hat dagegen geschrieben; er hat auch den Entwurf eines Ediktes[2]), das der Kaiser an den Bischof Arkadius von Cypern gegen Paulus richtete, gemacht[3]). **Im Edikte war die Lehre von zwei Energieen nach der Vereinigung verboten.** Das ist alles, was wir vor 626 von der Entstehung unserer Bewegung wissen.

In das Jahr 626 ist ein anderes wichtiges Ereignis zu setzen, nämlich die Verhandlungen des Kaisers mit dem Bischof Kyros von Phasis. Nach dem Briefe des Sergius an Honorius wissen wir, dass dieses in Lazien stattgefunden hat; es fehlt aber die Zeitbestimmung in unseren Urkunden. Glücklicherweise können wir sie aus den anderen Quellen feststellen. Theophanes erwähnt, dass der Kaiser im Jahre 6117 = 626 n. Chr.[4]) mit einer Abteilung seiner Truppen ἐπὶ Λαζικὴν ἐχώρει· καὶ ἐν ταύτῃ διατρίβων τοὺς Τούρκους ἀπὸ τῆς ἑῴας, οὓς Χαζάρους ὀνομάζουσιν, εἰς συμμαχίαν προσεκαλέσατο. Der armenische

---

[1]) Theophanes S. 640.

[2]) Mansi XI. S. 561.

[3]) Der Brief des Bischofs Sergius von Cypern, des Nachfolgers des Arkadius, beweist, dass wirklich etwas zwischen Arkadius und Heraklius über die Streitfrage verhandelt ist. Mansi X. S. 913. Vgl. Walch S. 105. Hefele S. 188.

[4]) b. Migne a. a. O. S. 653.

Schriftsteller Moses Calancatuatzi, ein Zeitgenosse des Heraklius, welcher sehr ausführlich das Bündnis des Heraklius mit dem Chagan, dem Könige der Chasaren, und ihre gemeinsamen Kämpfe gegen die Stadt Tiflis[1]) beschrieben hat, setzt das Bündnis in das 36. Regierungsjahr des Chosrau, und die gemeinsamen Kämpfe in Aderbeidjan in den Anfang des 37. Jahres desselben, also ganz in Übereinstimmung mit Theophanes. Ausser diesen beiden Schriftstellern haben wir noch das wichtige Zeugnis des Diakonus Georg, welches wir schon erwähnt haben[2]). Wenn der Brief des Kyros an Sergius, der von dieser Zusammenkunft handelt, 626 geschrieben ist, so dürfen wir wohl annehmen, dass das Ereignis selbst nicht zu weit von demselben Datum entfernt liegt.

Also im Jahre 626 ist der Kaiser in Lazien gewesen, und in derselben Zeit hat er auch eine Unterredung mit dem obengenannten Kyros gehabt, dem Metropoliten des lazischen Landes, dem späteren Patriarchen von Alexandrien, der eine wichtige Rolle in der Monotheletengeschichte spielen sollte. Wir haben schon teilweise Mitteilungen von dieser Zusammenkunft gemacht, welche der Geschichte der Jahre vor 626 angehörten. Nach dem Berichte des Sergius an Honorius ist der Anknüpfungspunkt der Unterhaltung des Kaisers mit ihm der, dass der Kaiser an seine Verhandlung mit Paul erinnert. Er giebt dem Kyros das an Arkadius gegen Paulus gerichtete Edikt zu lesen, wo, wie Kyros in seinem Briefe an Sergius mitteilt, es heisst: δύο δὲ ἐνεργείας ἐπὶ τοῦ δεσπότου ἡμῶν I. X. μετὰ τὴν ἕνωσιν λέγεσθαι κωλύουσαν. Er wies diese Lehre zurück und »versuchte des seligen Leo ehrwürdigen Brief vorzubringen, welcher δύο ἐνεργείας μετὰ τῆς ἀλλήλων δηλαδὴ κοινωνίας laut bekennt«. Nach der langen Unterredung giebt ihm der Kaiser die Schrift des Sergius zu lesen, die denselben Sinn hatte, wie das Edikt selbst. Kyros erhielt die Weisung vom Kaiser, sich ruhig zu verhalten und nichts dagegen zu sprechen.

---
[1] Moses Calancatuensis historia terrae Albanorum. M. Emin. Moskau Kap. XI u. XII.
[2] cf. auf S. 16.

Dem Befehl des Kaisers gemäss, wendet er sich an Sergius mit der Bitte um Belehrung[1]): ὅπως δύο ἐνεργείας λέγειν μετὰ τὴν ἕνωσιν παραιτούμενοι εἰς μίαν ἡγουμενικὴν ἐνέργειαν δυνάμεθα ἐπὶ πᾶσιν τοῖς θείοις λόγοις συγκλεεῖν. Nach dem libellus synodicus aber wendet sich der Kaiser an Kyros von Phasis, nachdem der Akephaler die Streitfrage vorgelegt hatte und, weil beide (der Kaiser und Kyros) in Verlegenheit waren, erbaten sie von Sergius von Konstantinopel darüber Belehrung[2]). Man bemerkt schon, dass die Sache hier etwas verändert vorgetragen wird; es ist aber möglich, dass auch der Kaiser über seine Verhandlungen mit Kyros dem Sergius berichtet hat.

Sergius wiederholt in seiner Antwort kurz dasselbe, was ihm Kyros geschrieben hatte, nämlich dass Kyros das Edikt des Kaisers an Arkadius κατὰ Παύλου τοῦ κεφαλαιώτου τῆς τῶν Ἀκεφάλων συμμορίας gelesen, an dem Verbot der Lehre von dem δύο ἐνέργειαι Anstoss genommen und sich an ihn gewendet habe, um Belehrung zu erbitten. In der Fortsetzung des Briefes erklärt Sergius, dass man in den heiligen Synoden keinen Beschluss darüber gefasst, aber manche von den berühmten Vätern und besonders der heilige Cyrill, Erzbischof von Alexandrien, μίαν ζωοποιὸν ἐνέργειαν Χριστοῦ τοῦ ἀληθινοῦ Θεοῦ ἡμῶν ausgesprochen hätten. Auch Mennas, der Erzbischof dieser Stadt (Konstantinopel), lehre in der an Vigilius von Rom gerichteten Rede ἓν τὸ τοῦ Χριστοῦ θέλημα καὶ μίαν ζωοποιὸν ἐνέργειαν. Er schickt eine Abschrift dieser Rede und verschiedene Beweisstellen zur Sicherung des aufgestellten Zweckes (πρὸς σύστασιν τοῦ προκειμένου σκόπου). In Betreff des Briefes Leos und seines Satzes »ἐνεργεῖ ἑκατέρα μορφὴ μετὰ τῆς θατέρου κοινωνίας[3])«, den Kyros als Grundlage der Lehre von zwei Energieen annahm, bestritt er diese Auslegung, indem er sagte, dass viele von den Severianern die orthodoxen Dogmen bekämpfen und sich gegen Leos Brief auf-

---

[1] Mansi XI. S. 561.
[2] Mansi X. S. 606.
[3] Leo's Epistola dogmatica an Flavian Kap. 4: agit enim utraque forma cum alterius communione quod proprium est. Mansi V. S. 1375.

lehnen, und dass niemand von ihnen auf Grund der oben erwähnten Rede gesagt hat, dass Leo von zwei Energieen gesprochen habe. Von den Orthodoxen nennt er Eulogios, den Bischof von Alexandrien, der für besagten Brief (Leos) eine Schrift verfasst hat. Und auch bis heute habe noch niemand von den Kirchenvätern von zwei Energieen in Christo gesprochen. Wenn aber patristische Stellen nachgewiesen werden können, in denen von zwei Energieen die Rede ist, solle man dieser Lehre folgen¹). Diese Erzählung wird auch durch die Mitteilung des libellus synodicus bestätigt. Für uns ist aber ganz neu, dass Sergius ein αἱρετικὸν συνέδριον gehalten und τὰ συνοδικὰ Μηνᾶ μονομερῶς ἐπισκεψάμενος, μίαν θέλησιν καὶ ἐνέργειαν ἐπὶ Χριστοῦ τοῦ θεοῦ καὶ σωτῆρος ἡμῶν εἶναι, τῷ βασιλεῖ Ἡρακλείῳ ἀντέγραψεν²). Also der oben zitierte Brief des Sergius an Kyros soll in der Synode beraten sein, wovon im Briefe selbst keine Andeutung gemacht ist.

Die weiteren Thatsachen, — dass Kyros 630 zum Patriarchen von Alexandrien gewählt worden sei, mit grossem Eifer für die neue Lehre gearbeitet und um 633 die Union mit den ägyptischen Monophysiten, Theodosianern, zustande gebracht habe — sind Beweise dafür, dass Sergius ihn mit seinem Brief gewonnen hatte.

Nach dieser Zusammenkunft des Kaisers mit Kyros, also nach 626, wie wir die Sache auffassen, müssen wir die Korrespondenz zwischen Sergius und Theodor von Pharan setzen. Von der Mitteilung des Maximus wissen wir soviel, dass Sergius an Theodor, den Bischof von Pharan, über die Streitfrage geschrieben, auch den Brief des Mennas durch den Bischof Sergius von Arsinoe geschickt hat, προτρεπόμενος αὐτὸν περὶ τῆς ἐν τῷ λιβέλλῳ μιᾶς ἐνεργείας, καὶ ἑνὸς θελήματος τὰ δοκοῦντα εἰπεῖν, καὶ ἀντέγραψεν, ἀποδεχόμενος αὐτά³). Diese Antwort des Bischofs Theodor von Pharan ist verloren gegangen.

---

¹) Mansi XI S. 525.
²) Mansi X S. 606; Hefele a. a. O. S. 134.
³) Migne Patr. gr. XCI. T. II. S. 332.

Allein die Fragmente seiner zwei Schriften, die in der dritten Sitzung der Lateransynode kritisiert worden sind[1], beweisen, dass die Mitteilung des Maximus wahr ist. Die Überschrift einer derselben lautet: Θεοδώρου τοῦ γενομένου ἐπισκόπου τῆς Φαρὰν ἐκ τοῦ λόγου τοῦ γραφέντος παρ' αὐτοῦ πρὸς Σέργιον τὸν γενόμενον ἐπίσκοπον τοῦ Ἀρσενοήτου τῆς Αἰγυπτιακῆς ἐπαρχίας[2]. Es ist klar, dass dieser Sergius mit dem, den Maximus erwähnt, identisch ist. Die Überschrift der anderen: τοῦ αὐτοῦ ἐκ τοῦ λόγου οὗπερ ἐποίησεν εἰς τὰς ἑρμηνείας τῶν πατρικῶν χρήσεων beweist, dass er eifrig für die monotheletische Lehre schriftlich gearbeitet hat. Die Fragmente dieser beiden Schriften geben eine allgemeine Vorstellung von der dogmatischen Stellung Theodors von Pharan in der Streitfrage. Er sagt: Πᾶν δ' τι οὖν ἱστόρηται, ἢ εἰπὼν, ἢ δράσας ὁ κύριος διὰ νοῦ καὶ αἰσθήσεως καὶ αἰσθητηρίων καὶ εἶπε καὶ ἔπραξε· καὶ οὕτως αὐτοῦ ὡς ὅλου καὶ ἑνός, μία ἐνέργεια τοῦ λόγου, τοῦ νοῦ καὶ τοῦ αἰσθητικοῦ, καὶ ὀργανικοῦ σώματος τὰ πάντα λεχθείη. Derselbe Gedanke kehrt auch in allen andern Fragmenten wieder. An einer Stelle sagt er sogar ὄργανον δὲ τὴν ἀνθρωπότητα, τάτε οὖν ὡς θεὸν, τάτε οὖν ἀνθρωποπρεπῶς περὶ αὐτοῦ λεγόμενα πάντα, ἐνέργειά ἐστι τῆς τοῦ λόγου θεότητος.

Nachdem Sergius die Antwort Theodors von Pharan bekommen hatte, schickte er sie mit der Mennasschrift an Paul den Einäugigen. Wir haben schon die Wahrscheinlichkeit der Identität dieses Paul mit dem in Theodosiopolis und mit dem im Edikte oben erwähnt. Nachdem die Verhandlungen des Kaisers in Theodosiopolis fehlgeschlagen und das Edikt des Kaisers (623—626) mit der Schrift des Sergius keinen Erfolg gehabt hatte, machte letzterer einen dritten Versuch, indem er die oben erwähnten Schriften an ihn schickte. Diese Schriften sandte er nicht in der Absicht, die Wahrheit der Lehre von der μία ἐνέργεια und der μία θέλησις zu zeigen, weil dies für einen Monophysiten leicht verständlich war,

---

[1] Hefele III. S. 218.
[2] Mansi X. S. 957—960.

sondern um darzulegen, wie die Orthodoxen durch die neue Lehre den Monophysiten entgegenkämen. Der Mennasbrief ist verloren gegangen, darum können wir nicht über die Beschaffenheit der in diesem Briefe enthaltenen Lehre richtig urteilen; aber aus dem Umstande, dass ihn Sergius sowohl an die Orthodoxen, als auch an die Monophysiten schickt, dürfen wir schliessen, dass er für die neue Lehre eingenommen gewesen sein muss. Auch die Antwort des Theodor von Pharan ist verloren gegangen, aber Maximus bezeugt, dass er die neue Lehre gebilligt hatte, und seine Fragmente beweisen, dass sein Monotheletismus dem Monophysitismus sehr nahe stand; ja, man kann sogar sagen, dass ein Monophysit kaum anders denken konnte, wie Theodor selbst. Jetzt ist klar, warum Sergius die Antwort des Theodor an Paul den Einäugigen geschickt haben wird.

Was der Erfolg dieser Bemühungen des Sergius gewesen ist, wissen wir nicht.

Überhaupt haben wir nichts zu erzählen vom Zeitraum 626—633 ausser den Kleinigkeiten, die wir soeben vorgebracht haben. Natürlich schieben wir die Verhandlungen des Kaisers mit Athanasius bis zum Jahre 634 zurück. Selbst Sergius bezeugt, dass in diesem Zeitraum eine Pause in dem Streite eingetreten ist bis zur Union in Alexandrien (633)[1].

Das ist nach unserer Auffassung das wahre Bild der Entstehungsgeschichte des Monotheletismus bis zu den Unionsversuchen in Armenien (633), in Alexandrien (633) und in Hierapolis in Syrien (634). Allein nach den älteren Forschern auf diesem Gebiete, besonders nach den neuesten unter ihnen, Walch und Hefele, ist die Auffassung dieses Stoffes eine ganz andere, nicht nur deswegen, weil sie grossen Wert auf die Mitteilung des Bischofs Stephan von Dor legen, den Bericht des Maximus übereinstimmend mit ihm erklären und die Zusammenkunft des Kaisers mit Athanasius ins Jahr 629 setzen, wie Theophanes berichtet, sondern die Dunkelheit unserer

---

[1] Mansi XI. S. 532.

Quellen hat sie auch dazu veranlasst, unhaltbare Hypothesen aufzustellen. Man kann diese Hypothesen in drei Sätze kurz zusammenfassen:

a) Die Synode von Karin (Theodosiopolis) hat 622 stattgefunden[1]) und stand mit den Verhandlungen des Kaisers mit Paul, dem Severianer, in derselben Stadt im Zusammenhang[2]).

b) Sergius, der Patriarch von Konstantinopel, ist dagewesen und hat an der Synode teilgenommen.

c) Paul war aus Cypern; dort gab es »armenische, also monophysitische Gemeinden«; Paul wirkte gegen die auf der Synode von Karin gestiftete Union dieser Filialgemeinden, als der armenische Patriarch uniert war[3]).

Die Annahme der Richtigkeit des ersten Punktes hat viel dazu beigetragen, wenigstens bei Hefele, auch die anderen Punkte zu bestätigen. Darum wollen wir zuerst die Unhaltbarkeit dieses Punktes zeigen. Nach allen armenischen, zeitgenössischen oder späteren Schriftstellern ist diese Union unter dem armenischen Katholikos Esras zu Stande gekommen. Hefele selbst wiederholt dasselbe, Bd. III p. 73, es dem Galanus entnehmend. Nun regierte 622, als diese Synode stattgefunden haben soll, der Vorvorgänger des Esras, Katholikos Komitas, — der nach einer Schrift Narratio de rebus Armeniae: »supra omnes decessores contentiosius sollicitando anathemate Synodi Chalcedonensis habuit . . . «[4]), — aber nicht Esras, wie Galanus ganz falsch behauptet[5]). Von Sebeos selbst wissen wir, dass Komitas an einer antichalcedonischen Synode (615—616) in Persien teilgenommen hat[6]).

---

[1]) Walch a. a. O. S. 103; Hefele a. a. O. S. 132.

[2]) Walch a. a. O. S. 103; Hefele a. a. O. S. 132.

[3]) Hefele S. 133.

[4]) Combefis, Historia Haeresis Monotheletarum II S. 283.

[5]) Galanus, Concil. eccl. Armen. cum Romana I S. 186.

[6]) Sebeos Kap. 33. Der Brief der Armenier an den Kaiser Konstans II, den Enkel des Heraklius.

Wir besitzen jetzt ein noch nicht ediertes Schriftstück[1] desselben Patriarchen, welches seine antichalcedonische, dogmatische Stellung sehr klar zu Tage treten lässt. Er verdammt alle Häretiker, die die ersten Synoden verdammt haben, namentlich Arius, Nestorius, Eutyches, Sabellius, Apollinaris von Laodicäa, Marcion . . . Paul von Samosata, den Tomos Leonis und das Konzil von Chalcedon, weil sie »zwei Naturen und zwei Personen (πρόσωπα) in Jesu Christo nach der Vereinigung« bekennen. Unter Komitas also kann keine Rede von der Union sein.

Nach Sebeos hat die Wahl des Christaphor, des Vorgängers des Esras, während der Regierungszeit des persischen Königs Chosrau II. und im Anfange der Herrschaft des armenischen Fürsten Kawadh's, des Sohnes des Warastirotz, stattgefunden. Kawadh oder Siroe hat vom 25. Februar 628 bis zum September desselben Jahres regiert[2]. Während derselben Zeit ist auch Warastirotz zum Marspan von Armenien ernannt worden. Die Wahl des oben genannten Patriarchen kann also nicht früher als am Ende des Jahres 628 vollzogen worden sein.

Über das Datum des Konzils selbst sind bis jetzt verschiedene Ansichten bekannt geworden. Die älteren Forscher auf diesem Gebiete, wie Lupus (S. 7), Pagi (An. 22 Anm. 2), Mansi (X S. 571), Theiner in seiner Baroniusausgabe (XI S. 182), endlich Walch und Hefele, wie wir gesehen haben, folgen dem Galanus (I S. 186) und möchten es eher in das Jahr 622 setzen, Assemani[3] auf Grund der Schrift Narratio de rebus Armeniae[4] in das Jahr 632, der armenische Gelehrte Tschamtschian[5] 629, Petermann[6] und Möller[7] 628.

---

[1] Handschrift Nr. 58 der Sammlung des Georg IV; das Schriftstück hat mein Freund Herr Archimandrit Karapet Ter Mketschian abgeschrieben und hierher geschickt, wofür ich ihm auch an dieser Stelle meinen wärmsten Dank aussprechen möchte.
[2] Tabari (Nöldeke) S. 385.
[3] Bibl. juris orient. IV. S. 13, 15.
[4] Combefis a. a. O. II.
[5] Armenische Geschichte II. S. 328.
[6] Herzog, R E² Bd. I. S. 675.
[7] Herzog, R E² Bd. X. S. 793.

Dass die erstgenannte Meinung falsch ist, haben wir schon gesehen. Der Irrtum ist dadurch entstanden, dass Galanus kein Datum über das Konzil von Karin in seiner Quelle gefunden hat, und dass Baronius berichtet, der Kaiser sei zweimal in Armenien (621 und 622) gewesen und habe dort mit Paul verhandelt. Auf Grund dieser Notizen bei Baronius setzt Galanus das Konzil in das Jahr 622. Die übrigen Gelehrten sind von ihren Quellen irre geleitet worden: die armenischen Quellen geben keineswegs ein übereinstimmendes Datum.

Johann Mamikonian, der als Zeitgenosse des Heraklius gilt, setzt das Konzil in das 19. Jahr des Heraklius, d. h. 629 p. Ch. [1]).

Eine kleine Schrift unter dem Namen des armenischen Patriarchen Johannes Otznetzi 717—728: »Wegen der Konzilien, die in Armenien gewesen«, teilt mit: Nach dem 18. Jahre (seiner Regierung) hielt er (Heraklius) das Konzil in der Stadt Karin mit mehreren griechischen Philosophen ab; er brachte auch mehrere von den armenischen Patriarchen (d. h. Bischöfen und Kirchenvätern) dahin, sein dyophysitisches Bekenntnis anzuerkennen [2]).

In einem Fragment von einer unbekannten Geschichte bei Tschamtschian [3]) ist dasselbe wörtlich wiederholt.

Bei demselben Tschamtschian (Bd. II S. 538) finden wir ein anderes Fragment von einem Kollektaneenbuch, wo berichtet wird: Im 17. Jahre seiner Regierung tötete Heraklius den Chosrau (!) und brachte das Kreuz zurück, und im 19. Jahre (629) hielt er das Konzil in Theodosiopolis, Karin genannt, ab mit vielen Bischöfen der Armenier, der Römer und

---

[1]) Geschichte von Taron. Kap. III. Übs. Langlois, Collection des Historiens anciens et modernes de l'Arménie S. 375. Dieses Buch ist sehr interessant wegen seiner volkstümlichen Anschauungen, aber von geringer geschichtlicher Exaktheit.

[2]) Es ist ausgeschlossen, dass diese Schrift ohne Textverderbnis auf uns gekommen ist. Man muss sie deswegen mit grosser Vorsicht benutzen. Das Schriftstück findet sich gedruckt in den Anmerkungen der Chronographie Samuel Anezi ed. v. Aršak Ter Mikelian.

[3]) Tschamtschian a. a. O. Bd. II. S. 540.

der Syrer, samt dem Katholikos der Armenier, wo die Armenier Chalcedoniten wurden, weil sie das Konzil angenommen hatten. Die Schrift Narratio de rebus Armeniae des unbekannten Verfassers bei Combefis[1]) teilt folgendes mit: Ἐν ᾧ καιρῷ ὁ Ἡράκλης καῖσαρ τῷ κγ΄ ἔτει τῆς βασιλείας αὐτοῦ, καὶ ἐν τετάρτῳ ἔτει τῆς τελευτῆς τοῦ Χοσροῦ, ἐκέλευσε σύνοδον γενέσθαι μεγάλην πάντων ἐπισκόπων καὶ διδασκάλων τῆς μεγάλης Ἀρμηνίας, σὺν τῷ καθολικῷ Ἐσδρᾳ καὶ πᾶσι τοῖς Ἀζάτοις ἐν Θεοδοσιουπόλει, ἐρευνᾶν ποιῆσαι καὶ ἰδεῖν περὶ τῶν δύο φύσεων τῶν ἐν Χριστῷ τῷ θεῷ ἡμῶν, καὶ περὶ τῆς συνόδου τῆς Χαλκεδόνος. ἡρεύνησαν οὖν διὰ μηνὸς ἡμερῶν, καὶ ἐπείσθησαν οἱ Ἀρμήνιοι ἀπὸ τῶν γραφῶν καὶ ὤμοσαν ἐγγράφως ἰδιοχείρως, τοῦ μηκέτι ἀντιλέγειν περὶ αὐτοῦ. Dies sind unsere Berichte, die eine bestimmte Angabe über das Datum unseres Konzils geben.

Allein die nähere Untersuchung auf Grund zuverlässigerer Quellen zeigt, dass die Daten dieser Schriftsteller nicht richtig sind, ausser den letzteren. Wir haben schon gesehen, dass der Vorgänger des Esras Christaphor am Ende des Jahres 628 gewählt wurde. Von Sebeos wissen wir, dass Christaphor zwei Jahre regiert hat und im dritten abgesetzt worden ist[2]). Seine Absetzung kann also nicht vor dem Ende des Jahres 630 stattgefunden haben.

Nach der Absetzung Christaphors ist Esras gewählt worden. Mehrere von den oben zitierten, aber wenig zuverlässigen Schriften berichten, dass Esras durch Heraklius bestätigt worden ist, weil er das Konzil von Chalcedon angenommen hatte. Daraus konnte man schliessen, dass das Konzil im ersten Jahr seiner Herrschaft stattgefunden hat. Das ist aber grundfalsch; denn Sebeos, der Zeitgenosse und zuverlässigste Schriftsteller für diese Zeit, teilt mit, dass Esras schon Patriarch war, als der Vertreter des Kaisers, der armenische Feldherr Mgeġ Gnuni, mit ihm über die Union verhandelte[3]). Die oben

---
[1]) Combefis a. a. O. T. II.
[2]) Sebeos Kap. 28.
[3]) Sebeos Kap. 29. Vgl. Tschamtschian a. a. O. S. 541.

genannte Auffassung ist erst später herrschend geworden, als der Hass gegen das Chalcedonense sehr gewachsen war. Aber wenn wir das Konzil auch in das erste Jahr des Esras setzen wollten, so wird es doch nicht vor den Anfang des Jahres 631 fallen. Allein wir haben bei Orbelian[1]) eine Nachricht, dass das Konzil im dritten Jahr des Esras zu Stande gekommen ist, d. h. um 633, also ganz in Übereinstimmung mit dem Berichte der Narratio de rebus Armeniae; denn das 23. Jahr des Heraklius kann sehr gut dem Jahre 633 entsprechen und nicht 632, wie Assemanni meint; aber dennoch zweifeln wir nicht an der Richtigkeit desselben. Seine Erzählung über diese Union ist etwas volkstümlich, aber seine Ausführlichkeit und der Umstand, dass er den Brief des Bischofs Mathusala, der als Antwort auf das Edikt des Heraklius geschrieben worden ist, bewahrt hat, zeigt uns, dass er eine andere umfangreiche Quelle vor sich gehabt hat, die leider bis jetzt noch nicht gefunden worden ist[2]).

In der Erörterung über das richtige Datum der Verhandlungen des Kaisers mit Athanasius haben wir gezeigt, dass der Unionsversuch des Kaisers mit den Syrern nicht früher als 633—634 stattgefunden haben kann, und von Michael dem Syrer haben wir ebenfalls erfahren, dass das Konzil von Karin kurz vorher stattgefunden hatte. Das zeigt, dass Orbelian Recht hat, wenn er das Konzil in das dritte Jahr des Esras, also 633 ansetzt.

Über die übrigen Punkte sind wir leider nicht im Stande, mit solcher Bestimmtheit zu urteilen, wie über das Datum des Konzils; aber es scheint uns höchst wahrscheinlich, dass der Bericht des Maximus, Sergius habe ἐν Θεοδοσιουπόλει πρὸς Παῦλον τὸν μονόφθαλμον, καὶ ἀπὸ Σευγριτῶν geschrieben, auf einer Textverderbnis beruht. Das ist die einzige Stelle, wo diese Thatsache berichtet wird. Wenn wir uns die ganze

---

[1]) Stephan Orbelian Kap. 28, ed. v. Schahnasarian; übs. v. Livrais, Histoire de la Siounie, Petersb.

[2]) I. S. 158 giebt er die Quelle für den Brief an.

Lage, in welcher die Stadt Konstantinopel damals war, und die Stellung des Patriarchen in der Abwesenheit des Kaisers vergegenwärtigen, so scheint es uns höchst unwahrscheinlich, dass der Patriarch die Hauptstadt verlassen haben und nach Theodosiopolis gekommen sein sollte, zumal 622 keine Kirchenversammlung stattgefunden hat, auf der auch der Patriarch hätte erscheinen müssen. Wir möchten noch unsere chronologische Auffassung der Berichte des Maximus in Erinnerung bringen, wonach diese Korrespondenz nach 626 fällt. Hat er vielleicht am Konzil von Karin (633) teilgenommen und bezieht sich dieser Bericht auf die spätere Zeit? Das ist auch wenig wahrscheinlich; denn er schweigt in seinem Briefe an den Papst Honorius darüber. Ausserdem thut kein armenischer Schriftsteller dessen Erwähnung. Es wäre nicht möglich, dass der Patriarch von Konstantinopel nach Armenien zum armenischen Konzil gekommen wäre, ohne dass man es erwähnt hätte. Dass griechische und syrische Bischöfe an diesem Konzil teilgenommen haben, bestätigen einige spätere armenische Schriftsteller, aber nirgends ist davon die Rede, dass der Patriarch von Konstantinopel zugegen gewesen ist. Es konnte sehr leicht vorkommen, dass die Abschreiber den Text unabsichtlich veränderten, indem sie z. B. εἰς als ἐν oder Θεοδοσιούπολιν als Θεοδοσιουπόλει lasen. Also wir nehmen an, dass der ursprüngliche Text dieser Stelle lautete: ἡ ἡνίκα εἰς Θεοδοσιούπολιν πρὸς Παῦλον τὸν μονόφθαλμον καὶ ἀπὸ Σευηριτῶν, ἔγραψε, πέμψας καὶ αὐτῷ τὸν λίβελλον Μηνᾶ, καὶ τὴν τοῦ Φαρανίτου, καὶ ἑαυτοῦ συγκατάθεσιν. Nach dieser Auffassung müssen wir notwendigerweise annehmen, dass Paulus noch einmal in Karin gewesen ist.

Der dritte Punkt der Hypothese (Hefele S. 133) ist wirklich so unsicher, dass er unserer Meinung keine Schwierigkeiten bereitet. Wir können noch hinzufügen, dass kein Grund vorhanden ist, Paul mit den »armenischen, also monophysitischen Gemeinden« in Cypern zusammen zu bringen. Auf Grund der Mitteilung von Lequiens (I. S. 1429) dürfen wir das nicht annehmen. Es ist wahrscheinlich, dass der armenische Episkopat in Cypern in der Zeit entstanden ist, als die Armenier ein selbständiges Reich in Cilicien begründet hatten (1080 —1375), und mit dieser Ansicht stimmt die Mitteilung von Lequiens (I. S. 1429) überein. Wir lassen die ganze Mitteilung folgen, damit die Leser selbst beurteilen können, in wiefern wir Recht haben. Unter der Überschrift Dioecesis Armeniae Majoris schreibt Lequiens unter anderem auch folgendes: Ecclesia Cypri. In insula quoque Cypro degunt Armeni complures, etpote quae Ciliciae vicina est, iisque datus est episcopus a Sisensi catholico. Von den Bischöfen dieses Episcopats nennt er einen, welcher als Nicolaus episcopus Cypri im Konzil von Sis seine Unterschrift gegeben hat. Johann von Ephesus[1]) berichtet, dass im 6. Jahrhundert viele Christen aus der persischen Provinz Arsun durch Mauricius in Cypern angesiedelt worden sind. Ob sie Armenier gewesen sind oder nicht, hat für unsere Frage wenig Bedeutung; denn nirgends finden wir eine Nachricht darüber, dass es armenische Severianer gegeben hat. Dagegen verdammt die Schrift von Komitas (um 616), die wir erwähnt haben, unter anderen Häretikern auch Severus selbst. Es ist daher sehr wahrscheinlich, dass Paulus nicht mit den Armeniern, sondern mit den cyprischen Monophysiten in Beziehung gestanden hat, wenn er dort überhaupt irgend etwas zu thun gehabt hat. Derselbe Johannes von Ephesus bezeugt (S. 189), dass am Ende des 6. Jahrhunderts monophysitische Bischöfe in Cypern existierten.

Durch diese Erklärung bleibt das Rätsel, warum der Kaiser sein Edikt an Arkadius richtete, zwar ungelöst, aber dadurch sind wir nicht genötigt, unwahrscheinliche Hypothesen festzuhalten.

---

[1]) S. 285; 261.